美肌革命

お金をかけずにきれいになる

美容アドバイザー
佐伯チズ

講談社

はじめに

「顔を洗うのをおやめなさい！」
「オイルクレンジングが肌を汚くする！」
「プチ整形なんてしなくていい！」

この1年間、私はあちこちで女性を叱《しか》り続けてきました。というのも、2003年6月に35年にわたる美容業界での活動を終え、「美肌師・佐伯チズ」としてのスタートを切ってから、「日本全国の女性をきれいにしたい」という大きな夢をもったからなのです。

ですから、冒頭の言葉は美しくなりたい女性への「愛のムチ」です。いろいろな情報に惑《まど》わされずに、本当にきれいになっていただきたいからこそ、あえて苦言《くげん》を呈《てい》したのです。

今、世の中の女性を見ていると、「美しくなりたい」という願望が強い人ほど、「もっと高い化粧品を」「もっと効くものを」と目先の効果ばかりにとらわれ、その行き着く先が、プチ整形となってしまう。これが私にとっては、残念でなりません。

ちなみに私は、自分の腫《は》れぼったいまぶたが昔から嫌いで、「ふたえ！ ふたえ！」と唱えながら、毎日まぶたの上をマッサージしていたのです。そうしたら、いつの間にか二重になっていました。それからテニス用のリストバンドを、いつも足首に巻いて「くびれ」をつくりましたし、ストッキングのゴムの部分を切り取っていつも腰に巻いておくことで、「ウエスト60センチ・キープ」にも成功しています。

これらは、すべて家にあるものや自分の手でやっていますから、まったくお金がかかっていません。それなのに、私はエステに通ったりプチ整形をすることなく、望みどおりのウエストと足首のくびれや二重まぶたを自分でつくったのです。

よく子どものころ、鼻を高くしたい一心で、洗濯バサミで鼻をつまんだりしませんでしたか？　あの精神を決してバカにしてはいけません。

「なりたい自分」になろうとする気持ち、そして執念。それがなければ、美しくなれるはずがないのです。だって、化粧品はクスリではないのですから。

つまり、化粧品は「化学反応」で瞬時にシミやシワを消してくれるものではなく、そこにシワを伸ばす、化粧品を叩《たた》き込むなどの「物理的」な動きが加わらなければ効果は出ないのです。

そんなこと、きっとみなさんもわかっているはず。なのに、いざ化粧品を前にすると「これでシミが消えますか？」という類《たぐい》の言葉が飛び出す。まさに化粧品の亡者《もうじゃ》です。

だから私はこの1年間、著書や雑誌のインタビュー、そしてテレビ番組やセミナーで、口を酸《す》っぱくしてこう言ってきたのです。

「1万円の化粧品を5000円にするも2万円にするも、あなた次第」

そして、全国の多くの女性から反響をいただき、少しずつではありますが、「佐伯流お手入れ」をみなさんが実践してくださっているように感じています。

でも、今回はじめて私の著書を手に取ってくださった方に、そしてこれまでお会いしてきた方たちにもっときれいになってほしいから、私はここでもみなさんに「愛の格言」を申し上げます。

「きれいになりたいなら、お金でなく、頭を使いなさい」

何も高いお金を出してプチ整形をしたり、高価な化粧品を使わなくても、お手入れの仕方ひとつで、いくらでも肌は変えられます。

私がずっと言い続けてきたことは、「何を使えばきれいになれるか」ではなく、「どう使えばきれいになれるか」なのです。

そのヒントが、本書の中にギッシリと詰まっています。

佐伯チズ

美肌革命　目次

第2章

「素肌美」を取り戻すリンパマッサージ

第5章 「ここ一番!」の緊急ケア

付録

佐伯式 肌診断

自分の肌のこと、どのくらいわかっていますか？

序章

私が美肌にこだわるわけ

その「ひと手間」が化粧品の効果を倍増させる

化粧水は手にとってそのまま使わずに、濡《ぬ》らしたコットンに垂《た》らして肌に貼りつける。

スクラブ剤は2種類を洗顔フォームやムースと混ぜ、数滴のぬるま湯で溶いてから使う。

クレンジングのときには必ず綿棒を使って、目の際まで完璧に汚れを落とす。

私のスキンケア法をご紹介すると、みなさん決まって驚かれます。

「そんな方法があるんですね！」「目からウロコです！」

しかし、何も私は特別な化粧品を使っているわけではなく、ごく一般的なスキンケアにちょっとした工夫を加えているだけなのです。

なのに、たとえば化粧水だって、濡らしたコットンに含ませて「ローションパック」（**82ページ参照**）をすれば、それこそ美容液に匹敵するほどに肌が甦《よみがえ》りますし、刺激が強いといって敬遠されがちなスクラブ洗顔だって、洗顔剤とぬるま湯でなめらかにしてあげれば、肌になじみやすく効果も倍増します。

さらにクレンジングも、普通にメイクを落とすだけではどうしてもアイメイクの色素《しきそ》が肌に残ってしまいますが、綿棒を使えば細かい部分まできれいに落とすことができる。そうすれば、色素沈着《ちんちゃく》による肌のくすみを極限まで防ぐことができるというわけです。

だから私は、「お金をかけるより手間をかけて！」と言うのです。

それから、大いに活用していただきたいのがご自分の「手のひら」と「指」です。

化粧品は手のひらにのせて、いったん両手を合わせて温めてから使えば、肌への浸透がよくなり、効果は2倍にも3倍にもなります。また、手のひら全体で顔を包み込めば、化粧品と体温がスチームアイロンのようになって、肌のキメを驚くほど整えてくれます。

また、指は肌をプッシュして血行をよくしたり、化粧品を毛穴にプチプチと入れ込んで肌の奥に浸透させせたり、シワをのばすマッサージでも活躍します。

こういったこともお金のかからない、「0円のケア」です。

いくら今の化粧品が高機能だとか、即効性があるとかいっても、使い方がぞんざいでは効くものも効きません。だから、化粧品はたとえ高級なものでなくても「一滴入魂！」。

気持ちを込めて、「シミが消えますように！」「頬が垂《た》れませんように！」と唱《とな》えて毎日のスキンケアをしたほうが、ただ化粧品にお金をかけるよりもよっぽど効果的なのです。

全身で美のエッセンスを吸収する

生前、主人が私によくこう言いました。「一流のものに触れなさい」

私たち夫婦はよく美術館や博物館に行って歴史的な名品を見たり、月に何度かはレストランで美味《おい》しいディナーを食べたり、また旅に出ては今までに見たこともない大自然や町並みにふたりして感動しました。

こうして美しいものに触れていると、知らず知らずのうちに全身の細胞が美のエッセンスを吸収し、なんだか自分まできれいになれるような気がするのです。

実際にいつも殺風景な部屋にこもっていたら、表情だって素っ気なくなるでしょうし、逆に美しいものに囲まれて生活していたら、自然と豊かで幸せな表情になるのではないでしょうか。

ところで、女性の美しさって何でしょう。いくら造作が整っていても、女性としてちっとも魅力を感じない人もいれば、派手さや際立った特徴はないのに、なぜか大勢の中でもひときわ輝いて見える女性もいます。

私は女優のオードリー・ヘプバーンが昔から大好きでしたが、彼女もそんな存在感のある女性だと思います。たとえ年齢を重ねてシワやたるみが出てきても、それはそれで美しい。きちんと年輪を重ねてきた女性ならではの自信や品性が宿り、シワも老化現象ではなく勲章《くんしょう》のように見えるからです。

だからみなさんも、シワ1本、シミひとつで大騒ぎをしないでほしいのです。何もそれであなたの女性としての価値が下がるわけではないのですから。シミやシワは根気さえあれば大半は消すことができますし、それよりも顔全体の表情や輝きのほうがずっとあなたの印象を決定づけるのです。

もちろん肌がきれいに越したことはありません。だから私も根気よくスキンケアを続けてきたのです。でも、それだけではないことをどうぞお忘れなく。美しさというのは表面から貼りつけていくものではなく、内面からも滲《にじ》み出てこなければウソです。

私は「一流のものに触れなさい」と言ってくれた主人に、今とても感謝しています。

現在、自宅では大好きな花に囲まれてお気に入りの音楽を流し、お香の匂いや水の音でリラックスしながら暮らしています。そうすると、どんなに疲れていても自然と表情が和《やわ》らいでくるのです。

美術館でも公園でも、またデパートでウィンドーショッピングするだけでもいい。どんなに忙しい日々を送っている人でも、とくに普段ハードワークでギスギスしてしまいがちな人ほど、1ヵ月に1時間でもいいから自分の時間を見つけて、美しいものに触れてほしいものです。

鏡を「きれい」の味方につけましょう

コスメカウンターやエステサロンには必ず鏡が用意してありますが、多くの女性がきちんと鏡と向き合うことをしません。

照れくさいのか鏡の前でためらったり、仮に鏡をのぞき込んだとしても、「いやだ、シワがすごい」とか「肌がボロボロだわ」とか、欠点ばかりに目がいってしまうようです。

もっとも、人前だから恥ずかしいという気持ちもあるのでしょうが、自分の家では毎日必ずきちんと正しく鏡を見てほしいと思います。

そして、その日の肌状態によって化粧品を選ぶのはもちろんですが、そこでアラ探しをするのではなく、たとえば、前日にパックをして肌の調子がよければ、「あら今日の肌、ちょっといいじゃない」と自画自賛するのです。

自分をその気にさせる「自画自賛ケア」は、美容のためにはとても大切なこと。自分の顔の欠点はあまり決めつけないほうがいいのです。

他人からチャームポイントだと褒《ほ》められたところが、意外と自分の顔の中でもっとも嫌いな部分だったりすることはよくある話。

だから、自分が欠点だと思うところは、個性だと思って隠さずに見せてしまったほうがいい。たとえば、太っている人が体型をカバーしようとしてダブダブの服を着ると、よけいに太って見えますよね。でも、包み隠さずにフィットした服を着れば、ふくよかなヒップやバストはその人の魅力になるのです。

よく女性が女優さんやアイドルを見て、「こんな鼻になりたい」「あの人みたいなパッチリとした目に生まれたかった」などと言いますが、そんな願望はナンセンスです。

もちろん憧《あこが》れの女性がいるというのは、素晴しいことです。でもそれはその人の生き方や立ち居振る舞い、言動などに魅力を感じるということで、顔の造作というのは人それぞれで、真似のしようがない。

私は最終的に、自分を熟知していてその人らしく振る舞える人が美しいと思うのです。よくも悪くも自分をストレートに映し出す鏡。いつもそばにおいて、デパートのショーウィンドーで自分を客観的にチェックするように、自分磨きのパートナーにしたいものです。

私はエステに行きません

先日、ある方からこんな質問をされました。

「先生はサロンで美肌師として、毎日お客さまの肌のお手入れをされていますが、ご自身の肌は誰にお手入れしてもらっているのですか」

答えはこうです。

「誰にもしてもらっていません」

私はプライベートでエステサロンというところに行ったことは一度もありません。なぜならば、自分でできるから。

もっとも私の場合、かつて帝国《ていこく》ホテルにあったクリスチャン・ディオールのサロンで、マネージャーを務めつつ自《みずか》ら施術《せじゅつ》もしていましたし、現在も自分のサロンでお客さまのお手入れをしていますから、自分でできるのは当たり前とお思いになるかもしれません。

でもちょっとしたコツさえ覚えれば、どなたでも私のようにご自分でエステができるのです。

よく女性は、自分の肌が汚いことをお金や時間のせいにします。

「子育てに追われて、時間がないから」とか、「お金がなくて、エステに行けないから」とか。

それらはハッキリ言って言い訳にすぎません。そういう人に限って、お金や時間があっても何もやらないのです。

お金や時間を使えばきれいになれるのではなく、「どうしたらお金も時間も使わずにきれいになれるか」というふうに発想の転換をしてみてください。

だから私は特別な道具もいらない、お風呂の中や居間などでも簡単にできる、しかもエステサロンに行かなくても同等の効果が得られる、そんな自分でできる美肌のための「セルフ・エステ」を本書でみなさんにお伝えしたいと思います。

用意するものはコットンや綿棒、お料理用のラップ、氷など家にあるものばかり。そして何といっても最高の道具はあなたの「手のひら」と「指」です。

まずは1日に5分でもいいので、ひとりになれる時間をつくり、五感を解放してお肌のケアをしてみてください。1回何万円もするエステで、「化粧品を買わされるんじゃないか」とヒヤヒヤしながら受けるお手入れよりも、よっぽど心身が癒《いや》されることを実感できるはずです。

トラブル肌のときほどシンプル・ケアを

いわゆる「化粧品依存症」の人に、口を酸《す》っぱくして言ってきた言葉があります。

「きれいな肌を手に入れたければ、やらない勇気をもちなさい」

どういうことだか、おわかりになりますか。

私の一冊目の著書、『佐伯チズの頼るな化粧品!』には、こんな副題がついています。

「顔を洗うのをおやめなさい!」

最初にこれを見た方は、一瞬「この人、何を言っているのかしら？」と思うはずです。確かに、メイクを落としたあと、さらに石鹸で顔を洗う「ダブル洗顔」がまかり通っているのが日本のコスメ界の現状ですから、無理はないかもしれません。

でも私の持論は、「過剰なケアが肌を汚くしている」ということ。

肌も生き物ですから、きちんと自浄作用《じじょうさよう》というものをもっているのです。過保護にするとかえってその機能を退化させてしまうわけです。

もっとも、外出するときには紫外線ケアをする、スポーツをして汗をかいた日には化粧水で肌を鎮静《ちんせい》させるなどという基本的なケアは必要ですが、オイリー肌だからといって、2度も3度も洗顔したり、逆に肌が乾燥しているといって高価なクリームをむやみにつけるのは感心しません。

肌が悲鳴を上げているときこそ、お医者さまが問診をするように自分の肌と正面から向き合って、肌に必要なもの、不用なものを見極めます。

トラブル肌の人に限って、あれこれ肌につけたがりますが、そんなときこそ手を抜くこと。「押してもダメなら、引いてみな」の発想です。

そして、私がすすめる究極のスキンケアが「肌断食《はだだんじき》」。

これはある雑誌で特集を組んで大変な反響があったのですが、つまり「何もしない」というケアです。

これは常に肌を放ったらかしにするというのではなく、週に一度のペースで洗顔だけしかしない日をつくる。そうすると、肌が本来の力を取り戻して元気になるというわけです。

なぜ、私が肌断食をすすめるかというと、私がこれまでに多くの女性の肌を見てきて、お手入れを「やらない」人よりも「やり過ぎる」人のほうが、圧倒的に肌が汚いからです。つまり、現代の女性の多くが陥《おちい》っている「化粧品依存症」から脱出するには、最適な方法なのです。

ここまで読んでいただけばわかると思いますが、スキンケアの基本は意外とシンプルなもの。覚え切れないほどの行程《こうてい》をすべて網羅《もうら》する必要なんてないのです。

私はサロンでカウンセリングも行っていますから、「今、使っていらっしゃる化粧品を全部持ってきてください」と言って、見て差し上げることがあるのです。でも、たいていの方は必要のないものを山ほどもっていらして、本当に必要なものは、その半分程度でしかないのです。

みなさんも一度、ご自分の化粧ポーチを見直して、「化粧品のリストラ」をしてみてください。いろいろな種類の化粧品を数多くもつことよりも、本当に必要なものに十分な予算をかけるほうがよっぽど有意義なことに気づくはずです。

目指すのは「幸せの白いハンカチ」

東京・新橋にある大城《おおしろ》レースというレース屋さん。

私は昔からここのハンカチが大好きで、お世話になった方によくプレゼントしています。真っ白なリネンの生地に、同じく白い糸でイニシャルを刺繍《ししゅう》したハンカチはとても愛らしく、みなさんに喜んでいただいています。

ところで、赤ちゃんの肌がなぜあんなにツルツルしているのか、わかりますか。それは紫外線や乾燥に汚染されていない、「新品の白いハンカチ」状態だからです。新品の白いハンカチはパリッとノリがきいていて、くすみひとつなく、繊維の目がきれいにそろっている。これが弾力があってみずみずしい、赤ちゃんの肌です。

ところが、最初は真っ白だったハンカチも、何度も洗濯をして外に干すうちに色がくすんで、ヨレてきます。また、使っていくうちにシミもつくし、シワも寄る。でも、ここからが使う人の腕の見せどころ。

「長く大切に使いたい」という気持ちがあれば、汚れたら優しく手洗いし、黄ばんできたら漂白する。また、シミがついたらすぐにシミ抜き。シワになればスチームアイロンでシワをのばす。日ごろからマメにこうした手入れをしていれば、きれいな状態で長く愛用できるはずです。

ところが、「どうせ黄ばんでいるから」と諦《あきら》めてクシャクシャのまま放置してしまったら、ハンカチは二度ときれいな姿を見せることはありません。

お肌の手入れにも通じるものがあります。

くすんできたらスクラブ洗顔をする。

シミにはビタミンC美容液をつける。

シワには水分を与えてのばしてあげる。

こういう地道なデイリーケアを根気よく行うことで、何年も「新品の白いハンカチ」状態がキープできるのです。

人間の肌も一種の繊維。だから、物理的に考えるとシミは消せるし、シワはのばせる。もちろんくすみだって明るくできるはずなのです。そして、あえて言えばちょっと奮発してクリーニングに出すのが「エステ」や「集中ケア」でしょうか。

革靴だって、マメにクリームを塗ってケアすれば美しいまま長く履《は》けますが、何もしないと硬化《こうか》してガチガチに。

永遠にきれいな肌を保ちたいというなら、愛用品をいつくしむように日ごろからマメにケアをすること。これに勝る方法はありません。

中年太りよりも恐ろしい「おデブ肌」

欧米型の食生活の影響か、近ごろは日本でも「肥満」の人が増えているようです。その結果、若い人でも高血圧や動脈硬化など、かつては「成人病」と呼ばれていた病気（今は「生活習慣病」と呼ばれています）を患《わずら》っている方が多いとか。

私は美味しいものが大好きで、日本全国から「お取り寄せ」をするのが趣味のひとつになっていますが、決して量は食べません。本当に美味しいものを少しだけ食べるのです。

そして、常にウエストにはストッキングのゴムの部分だけを切り取ったものを巻いています。そのゴムが「きつい」と感じたら「食べ過ぎ」のサイン。そのため、肥満というものにはおよそ縁がなく、いたって健康なのです。

これと同じことが肌にも言えるのです。つまり、「肌の過食《かしょく》」は危険だということ。

私が今までにお会いした女性の肌を分析すると、トラブルを抱えている方というのは得てして肌が過食気味、言い換えれば「肌肥満」状態なのです。

とにかくいろいろな化粧品をつけるから肌が悲鳴を上げている。それを見て、「何とかしなきゃ」とリッチなクリームをまたつけるものだから、さらに肌本来がもつ自浄機能を低下させてしまう。

だから、私はいつも口を酸っぱくして言うのです。

「まずは、自分の肌を見て、そして触《ふ》れて」と。

きちんと鏡の前で自分の肌と向き合って、今の自分に本当に必要な化粧品だけを厳選してつけてあげる。そうすれば肌の生活習慣病にかからなくてすむのです。

たとえば、肌がカサカサしているときは、みなさんいきなりクリームをつけてしまいがち。でも、よく観察してみると肌が欲しているのは、まずは「水分」なのです。化粧水、美容液でしっかりうるおいを補給してからクリームでフタをするべきなのです。

わかりやすくたとえるなら、枯れている植木にいきなり油粕《あぶらかす》の肥料を与えますか？それよりもまず、たっぷりと水分を与え、土の中に栄養が入っていく道筋をつくってあげることが先決ですね。肌の機能もそれと同じことなのです。

まさに化粧品は肌の食事。だからこそ、カロリー・オーバーは極力なくす努力をしましょう。肥満だった人がスリムになれば、オシャレに目覚め、やがて恋人もできるという具合に、カロリー・オーバーの「おデブ肌」が、すっきりとした「スリム肌」になれば、きっと肌の調子も変わってくるはず。そうすれば、おのずと人生そのものが少しずつ好転してきます。

決して大げさな話ではなく、そういう人を私は数え切れないほど目にしてきたのです。

beauty column

1

「お取り寄せ」で身も心も美しく

巷《ちまた》では今、「お取り寄せ」が流行っているようです。私も昔から大好きで、「お取り寄せ歴」はざっと40年ほどになるでしょうか。何と言っても、美味《おい》しいものを食べると無条件で幸せな気分になれますし、旬のものや地のものというのは、美容や健康にもいいと思うのです。

ちなみに私のお気に入りは、「ゆず」を丸ごと使った和菓子や、カスピ海ヨーグルトと相性抜群の「ブルーベリー・コンポート」、そして新鮮なトマトやちりめんじゃこなど。また、秋にならないと手に入らない栗のお菓子も、毎年必ず取り寄せます。

私は本書の中でも、「肌トラブルは体の中からケアすべき」と謳《うた》っていますが、私の体内ケアは、お取り寄せ品を含めた野菜や豆類、果物、乳製品を中心にした食事と、一日1.5リットルのお水を飲むこと。いくら高級な化粧品を使っても、コンビニ弁当やカップ麺で日々の食事をすませていたら、やはり肌はイキイキとはしてこないはずです。

さて、美味しいものへの探究心が人一倍強い私は、「美味しい」という噂《うわさ》を聞けばすぐに取り寄せ、気に入ったらお客様にもお出しする。さらに手土産にして、ご家族にも喜んでいただくのです。だから、「取り寄せるなら、あり余るほどたっぷりと」が佐伯流。そんな生活を続けているうちに、私の「お取り寄せファイル」は、約15センチもの厚さに。いずれ何かの機会に、その中から選《よ》りすぐりの逸品を紹介させていただきたいと思っています。みなさん、ぜひ楽しみにしていてください。

第1章　美肌のルールとハンド・テクニック

「手のひらと指先で
触れる・包む・押さえる。
たったそれだけで、
肌は驚くほど変わります」

肌は外と内から磨くもの

どんなにきれいな大輪の花も、表面に出ているのは全体の一部分であって、土の中に張り巡らされた根っこが力いっぱい水分や養分を吸い上げることで、美しい花を咲かせているのです。

実は私たちの肌も目に見えているのは、ほんの一部分にすぎません。

肌は大まかに「表皮《ひょうひ》」と「真皮《しんぴ》」に分けることができます。

一般に肌と呼ばれているのは、目に見える表皮の部分。そして、それを支えているのが真皮で、これが植物でいう「根っこ」にあたるものです。ここには繊維が張り巡らされていて、それが水分や栄養分を含んで膨《ふく》らむことで表皮を持ち上げ、健康的なプリプリの肌が生まれるのです。

若いころの肌は繊維もしっかりとし、水分や栄養分もたっぷりと蓄《たくわ》えていますが、年齢を重ねると繊維部分はやせ細り、水分や栄養分も不足しがちになります。そうすると肌は弾力を失いペシャンコに。これがたるみやシワの原因です。

それを救ってくれるのが、肌の深部にまで潜《もぐ》って、真皮に栄養を与え活性化してくれる美容液。だから30歳を過ぎた方には、ぜひとも美容液を習慣的に使っていただきたいと思います。

とくにたるみやシワが気になり始めたら、表皮ケアだけでは不十分。表皮と真皮のケアをあわせて行いましょう。

表皮ケア

表皮というのは、肌の表面にある皮膚のことです。この部分のお手入れをきちんとしないと、なめらかさやハリといった質感の美が奪われてしまいます。ローションパック(82ページ参照)や表皮を覆《おお》う角質層のケア、さらに紫外線対策、クレンジングなどをしっかりとしましょう。

真皮ケア

うるおいや弾力など、肌の若さをつかさどっているのが真皮です。年齢とともに衰《おとろ》えるその真皮に活力を与えるのが美容液です。美容液は表皮をくぐりぬけて真皮にまで潜り込み、コラーゲンやエラスチンといった繊維部分をふっくらとさせてくれます。

肌の断面図

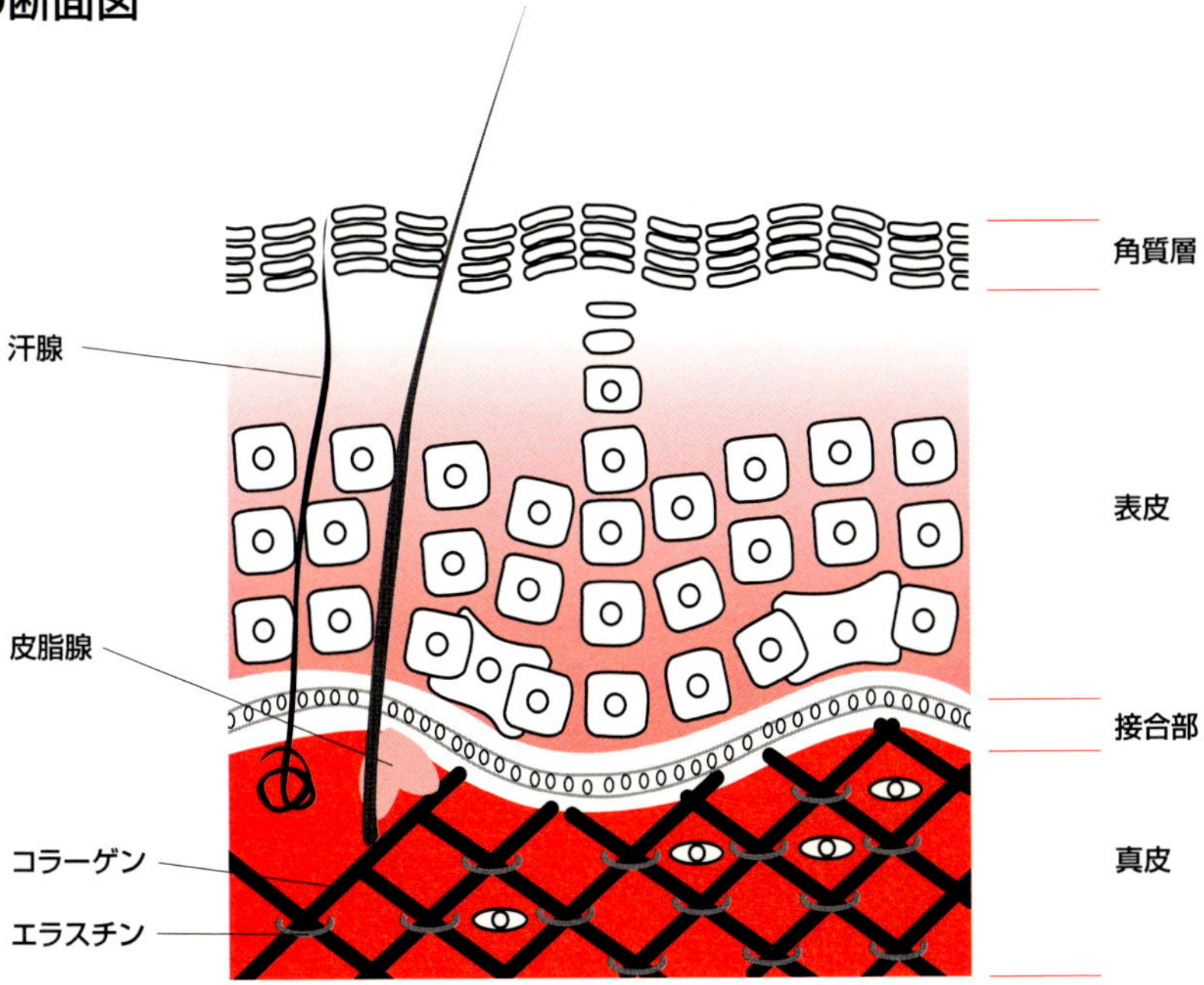

私たちの肌は、大まかにいうと「表皮」と「真皮」から成り立っています。それらを結ぶのが「接合部」。また古くなった表皮は「角質層」として浮上してきますから、週に一度は角質を取り除くスクラブ洗顔が必要です。

美肌の5原則「う・な・は・た・け」

私は、朝起きたら「頬がかさついていないか」「片方の口角だけが下がっていないか」「顔がくすんでいないか」などを鏡の前でチェックしますが、それと同時に、「では、どうしたらきれいになれるかしら?」ということも考えています。

ただ漠然《ばくぜん》と肌のお手入れをするよりも、「こんな肌になりたい」という目標があったほうが、絶対にきれいになれます。

しかし、「きれいな肌って、どんな肌?」と思う方も多いでしょう。

そこで私は、化粧品メーカーにいる時代に、「佐伯流・美肌の定義」をつくったのです。

それが「う・な・は・た・け」という5原則。

これは「うるおい」「なめらかさ」「はり」「だんりょく(弾力)」「けっしょく(血色)」の頭文字からとったもの。すなわち、この5つの条件を満たしている肌が理想肌ということです。

だから、お手入れするとき、自分に足りないものを補《おぎな》いながら、この5つのバランスを整えるようにすればいいのです。その際にポイントになってくるのが、前ページで解説した「表皮」と「真皮」の両面ケア。

「なめらかさ」と「はり」は、おもに表皮ケアで実現していくもの。

「うるおい」「だんりょく」「けっしょく」は真皮ケアがメインとなります。

う うるおいのある肌

水分をしっかり含んだプルプルの肌

❶油分と水分のバランスがとれている
❷メイクがきちんとなじんでいる
❸しっとりとしたやわらかさがある
❹指で押すと戻ってくる感じがある
❺肌に透明感がある

　私はよく肌を「ふろふき大根」にたとえます。生の大根に醤油をかけてもなかなか味が浸透しませんが、大根を最初に鍋でゆっくりと煮ると、調味料がすんなりと染み込んでいきます。これは、大根の繊維が水を含んでふっくらとし、出し汁や醤油を入りやすくさせるから。

　人間の肌も、水分をたっぷりと含めばキメがふっくらとし、化粧品も浸透しやすいというわけです。さらに、透明感も出てきます。

「脂浮きしているのに目や口のまわりは皮がむけている」「ツヤがない」「メイクが浮く」などと感じる人は、肌にうるおいが足りない人です。こういう方は油分を取り除くことより、水分補給に専念してください。ローションパック（82ページ参照）や保湿用美容液、コクのあるクリームが効果的です。また、肌が乾燥するとシワもできやすくなります。とくに乾きやすい目のまわりにはアイクリームをこまめに塗り、乾燥を防ぎましょう。

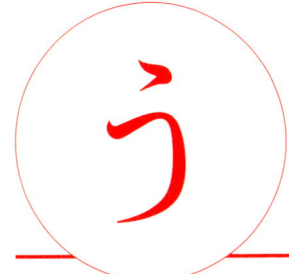

な

なめらかな肌

水分と油分のバランスがとれたキメ細かい肌

❶皮膚がやわらかい
❷キメが整っている
❸メイクが長持ちする
❹皮脂の分泌が比較的少ない
❺新陳代謝が活発

キメの細かい肌というのは、正常な新陳代謝があってはじめて生まれるもので、古くなった角質が肌に残っていて分厚くなっていたり、皮脂の分泌が多過ぎる状態からは生まれません。

なめらかな肌を手に入れるためには、まず第一に毛穴に汚れを残さないこと。額や小鼻、あごなど、毛穴に汚れや皮脂が溜《た》まりやすい部分は、とくに念入りにクレンジングを。

また過剰な皮脂をコントロールするためには、ローションパック（82ページ参照）をしたり、保湿美容液を部分的に使ったりするなどの「水分補給」も不可欠です。さらに肌の新陳代謝を促《うなが》すために、週に2〜3回はスクラブ洗顔やパックで角質ケアをしましょう。

なお、睡眠不足や精神的ストレス、偏《かたよ》った食事なども皮脂分泌を過剰にする要因になります。美肌と健康のために、普段から心身のリラックスとバランスのよい食事を心がけましょう。

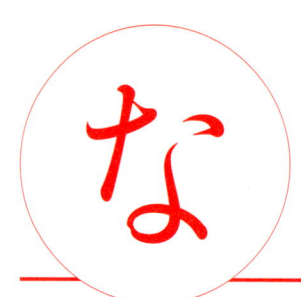

は　ハリのある肌

水分・油分・栄養分たっぷりの若々しい肌

❶指で押すとすぐに戻る
❷肌にみずみずしさと輝きがある
❸水分・油分のバランスがいい
❹しっとり感がある
❺シワが少ない

ハリのある肌は、言い換えれば「艶《つや》のある肌」。私は「うるわしくて光沢がある」という意味をもつ「艶」という言葉は、女性にとって最上の褒《ほ》め言葉ではないかと思うのです。

そのハリがなくなる原因としては、「水分、油分ともに不足している」「新陳代謝が活発でない」ということがあげられます。

だからお手入れの際には、水分・油分・栄養分を補ってくれるトリートメント・クリームやパックを習慣化するとともに、真皮の繊維部分からふっくらとさせてくれる美容液を積極的に使います。

また、埃《ほこり》やエアコン、紫外線などはお肌の大敵。乾燥したり疲れた肌には決してハリは宿りませんから、外出するときには刺激から肌を護《まも》るために、日中用のクリームを塗りましょう。

食べ物に関しては、肌内部の働きを活発にする肉・魚・乳製品などのたんぱく質や、ビタミンC類がおすすめです。

た　弾力のある肌

目元・口元・輪郭がキュッと上がった肌

❶指で押すと、押し戻す力を感じる
❷艶と輝きがある
❸キメが細かくふっくら感がある
❹目尻や口角のたるみが少ない
❺全体的にしっとりとしている

「表皮の細胞がやせて平らになる」「真皮の繊維が硬くもろくなって再生しにくくなる」「新陳代謝が活発でなくなる」

ゴムまりを思わせる赤ちゃんの肌がもつ弾力が年齢とともになくなっていくのは、このような要因によるものです。そして肌に弾力がなくなると顔の輪郭がぼやけてきたり、口角や目尻が下がったり、小ジワなどさまざまな変化が出てきます。

それを防ぐには、まず第一に真皮ケア。表皮を支える土台の部分を建て直さない限り、たるみは解消されないからです。

朝晩のお手入れに美容液を使い、肌の繊維部分を強化する。さらに、ローションパック（82ページ参照）でキメを整えた肌に水分と油分を入れ込み、週に1回は角質ケアを忘れずに。

弾力をなくした肌はどこか疲れた印象を与え、老《ふ》けて見られがち。真皮と表皮の両面からたっぷりと活力を与え、元気な肌を甦《よみがえ》らせましょう。

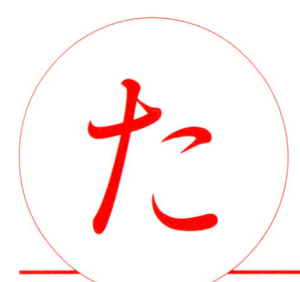

け 血色のよい肌

くすみのない透明感のあるバラ色の肌

❶皮膚がやわらかくてハリがある
❷全体的にしっとりとしている
❸透明感がある
❹新陳代謝が活発である
❺ハツラツとした印象を与える

血色のよい肌は、メイクが映えるのはもちろんのこと、女性を健康的で若々しく見せます。もちろん、体調も肌の状態を左右しますが、古くなった角質がいつまでも居座って皮膚が肥厚《ひこう》したり、紫外線による日焼けや乾燥、またストレス、睡眠不足、偏食などでも肌は透明感を失い、血色が悪くなります。

生活面ではストレスを溜めないことや、ビタミンCを意識した食事がおすすめですが、スキンケアでいえば紫外線や冷暖房から肌を護る日中用クリームをつけたり、週に1～2回の角質ケア、美容液による真皮の活性化などが効果的です。

また、今はアロマ効果のある化粧品なども出ていますから、夜のケアでは気持ちをリラックスさせる香りを選ぶのもおすすめです。

なお、血色の悪い人にはタバコやお酒はあまりおすすめできません。美容と健康のために、これらはほどほどにしましょう。

佐伯流6つのハンド・テクニック

ここでは、プロも実践しているマッサージのハンド・テクニックを6つ伝授します。

これは、私が実際に長年行ってきたもので、ひとつひとつの動きにきちんと意味があります。ですから漫然《まんぜん》とやるのではなく、きちんと意味を理解したうえで実行してみてください。

マッサージというと、どうしても手をクルクル回転させたり、複雑な動きをすると思われがちですが、私がご紹介するテクニックは手のひらで頬を包み込むように押したり、体温が伝わるように顔全体を包み込むなど、どれも簡単なものばかりです。

また、マッサージをするとき、肌表面だけに集中するのではあまり効果がありません。

表皮というのはあくまでも皮膚の一番上にある膜です。いくらきれいな服を着ても、体型がだらしなければ台無しなのと同様に、表皮とともに深部もケアしなければ意味がないのです。

ですから私は「表皮」と「真皮と筋肉」を並行して磨き上げる、2ウェイ・ケアを提唱するのです。

そして、その「真皮と筋肉」に働きかけるのがマッサージです。

口を開ければ勝手に水は入ってきますが、「飲み込む力」（筋力）がないと体内には入らない。それと同様に、真皮の部分がしっかりしていないと肌に栄養が入っていかないのです。ですから、肌の基礎体力をつける意味でも、ぜひ表皮ケアとあわせて深部のケアを続けてください。

1 ストレッチ

肌表面をなでる基本のマッサージ。スキンケアのあらゆる場面で使えるテクニックです。

目元はこめかみを引き上げながら、逆の手の指先で目頭に向かって肌を押しのばします。

手のひら全体を使って頬を包み込み、顔全体を押しながら内から外へ向かってのばします。

筋肉を揺らさないように指先や手のひら全体で顔を下から上へ持ち上げるように。

2 プッシング

ストレッチよりやや強めのマッサージ。化粧品を浸透させたりリンパの流れをよくします。

口元と唇のまわりにはリンパ腺がたくさんあるので、流れをよくするように軽く押します。

耳の後ろの耳下腺《じかせん》は老廃物が溜まりやすいので、親指の腹で押して下に流しましょう。

目のまわりにもリンパ腺がたくさんあるので、眉の下のくぼみを親指の腹で押します。

3 ピック&リフト

シワやたるみのケアで大切なマッサージ。
筋肉のクセは修正することができます。

笑いジワは指先でシワを縦につまみ、指の腹全体でシワを上から押さえ外へ押しのばします。

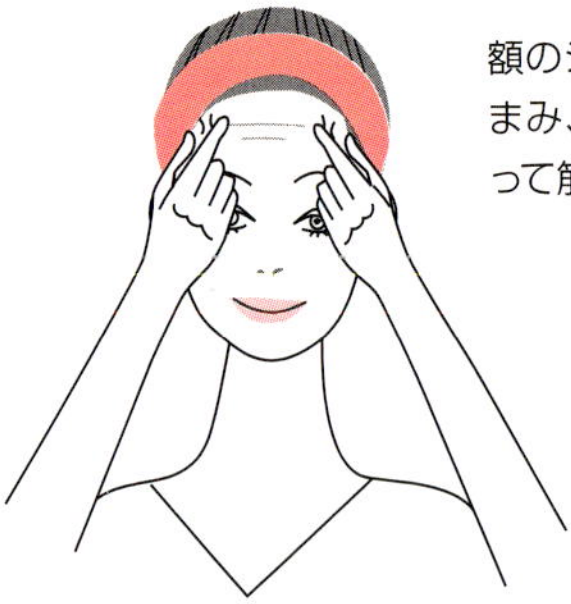

額のシワも指先でこのようにつまみ、中心からこめかみに向かって筋肉をほぐします。

額の筋肉もたるみますので、両手を交互に上へ上へと、手のひら全体で押し上げます。

片手でこめかみを押さえつつ、逆の手のひらで額全体のシワを反対方向へ引っ張ります。

4 ピアノタッチ

目元や口元など皮膚が薄くデリケートな箇所には
鍵盤《けんばん》をたたくようなマッサージをします。

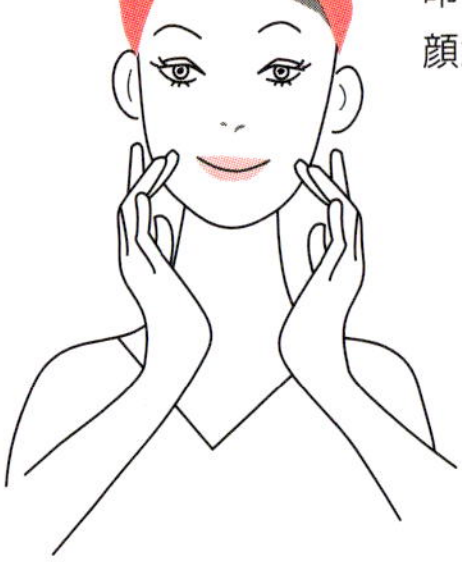

口角から頬にかけて軽く指先で叩《たた》くことで筋肉が引き上げられ顔が引き締まります。

目元の小ジワも指先で軽くピアノタッチすることで血行がよくなり薄くなります。

5 シェイク

手のひら全体を使って頭部と顔に振動を与える
リラックス効果のあるマッサージです。

両耳の下に手のひらを当てて前後にゆっくり揺らすと、リンパの流れがよくなります。

こめかみに手のひらを押し当て、軽く皮膚全体に振動を与えるとリラックスできます。

6 プレス

肌の真皮層に働きかけるマッサージ。
手のひら全体を使い体温を肌に伝えます。

顔の中心から外、下から上、という方向で筋肉をゆっくり引っ張りながら肌を温めます。

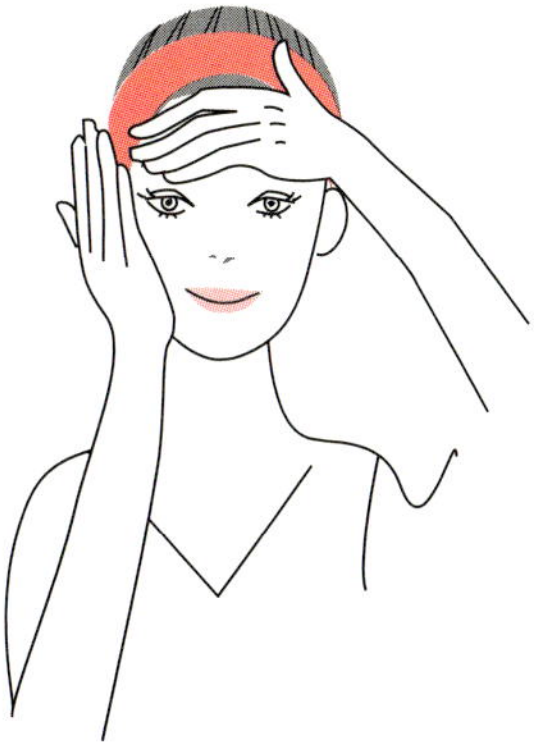

顔全体を手のひらで覆うと体温が肌に伝わり、血行がよくなって顔がバラ色に変わります。

beauty column

2

「肌断食《はだだんじき》」は究極のケア

私は以前、健康道場に入って断食をしたことがあります。断食開始2日後くらいから、胸がムカムカし始めました。普段口にしている食品添加物などが犯人らしいのですが、その後、宿便《しゅくべん》が出ると心身ともに浄化され、まさに解毒《げどく》した感じでした。

肌も毎日、化粧品浸《づ》けにされて疲れています。だから、私は「週に一度は『休肌日』を」とアドバイスしています。

メイクやスキンケアから肌を解放し、本来の自然治癒力《しぜんちゆりょく》を高めてあげる。これが「何もしない」という究極のケア、「肌断食」です。

そもそも肌には自力できれいになるパワーがありますから、過剰なお手入れはかえって肌を退化させてしまうのです。

実を言うと、つけ過ぎる「過食肌《かしょくはだ》」は何もしない「栄養失調肌」よりも恐ろしい。だから、ときには何も手を加えずに肌本来の力を呼び戻してあげましょう。

なお、肌断食を効果的に行うなら、その前に「ウォーターマッサージ（86ページ参照）」をするのがおすすめです。水という自然の力だけで「打たせ湯」のように肌の筋肉をほぐしてあげて、肌本来の力が目覚めてきたところで、何もつけずに眠る。そうすれば、肌の再生に助走をつけることになるので、睡眠中により高い美肌効果が期待できると思います。

第2章 「素肌美」を取り戻すリンパマッサージ

「毎日、湯船に浸《つ》かりながら、
テレビを見ながら、
あるいはメイクの前に、
習慣のようにやるだけで
肌に艶《つや》が出ます」

リンパマッサージでバラ色肌の小顔に

私たちの体には血管と同じように、「リンパ管」という管が張り巡らされています。その管の中を流れるのが、死んだ細胞や血球などの老廃物を運ぶ「リンパ液」です。

また、このリンパ管の各所には中継地点となる「リンパ節」があり、そこでリンパ液をろ過して異物や毒素を取り除きます。

「リンパマッサージ」は、このリンパの働きを促《うなが》す大切な作業。

リンパの流れが悪くなると毒素が溜《た》まってむくみの原因にもなります。だから、「リンパ節」に向かって老廃物を送り込んでいく「解毒《げどく》」ケアが必要になってくるのです。

私がお手入れをするとき、最初にやるのがこのリンパマッサージです。

スキンケアではクレンジングが第一ステップですが、美肌づくりの基本ともいえる体内のクレンジングはまず、老廃物を流し出すことだと思います。

だから、私はフェイシャル・エステといえども、いきなり顔のお手入れに入るのではなく、脇の下のリンパを押したり、鎖骨《さこつ》や首筋も丁寧《ていねい》にマッサージをして、なるべく体内に溜め込んだ老廃物を押し流すようにします。これだけでも顔がひと回り小さくなり、肌の艶もまったく違ってきます。

ぜひ、これを機会にスキンケアの前にリンパマッサージをする習慣をつけてください。

リンパマッサージ

美肌をつくるリンパ節の押さえどころ

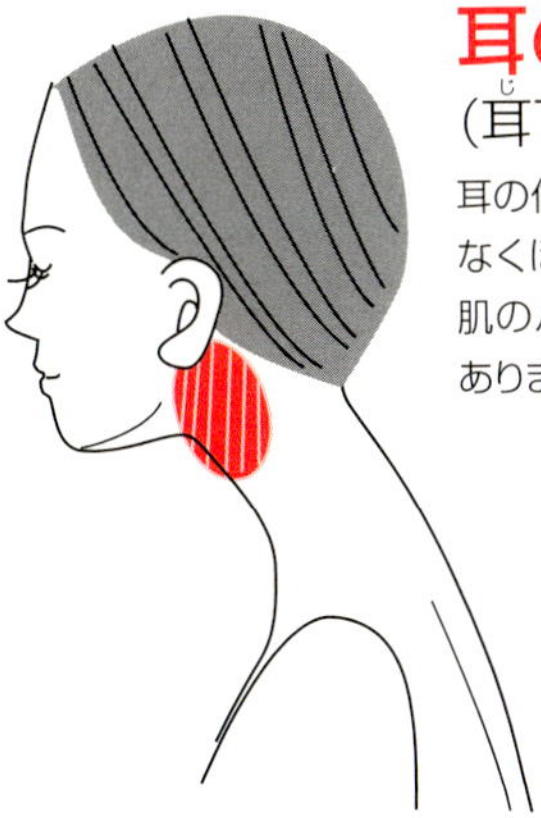

耳のうしろ

（耳下腺《じかせん》リンパ節）

耳の付け根の後ろ側にある小さなくぼみ。ここは顔のむくみや肌のハリに影響するリンパ節があります。

首の両側

（頸部《けいぶ》リンパ節）

耳の下から肩に向かうラインにあるリンパ節。首から肩に向かって老廃物を押し流すように。

鎖骨のくぼみ

（鎖骨リンパ節）

鎖骨の上のくぼんでいる部分。首からデコルテに向かってマッサージし、このリンパ節に老廃物を流します。

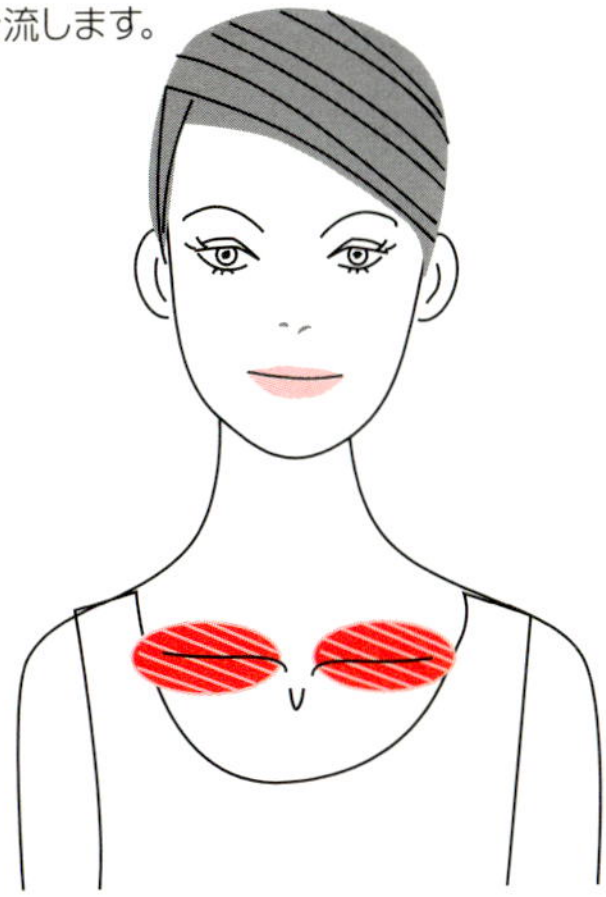

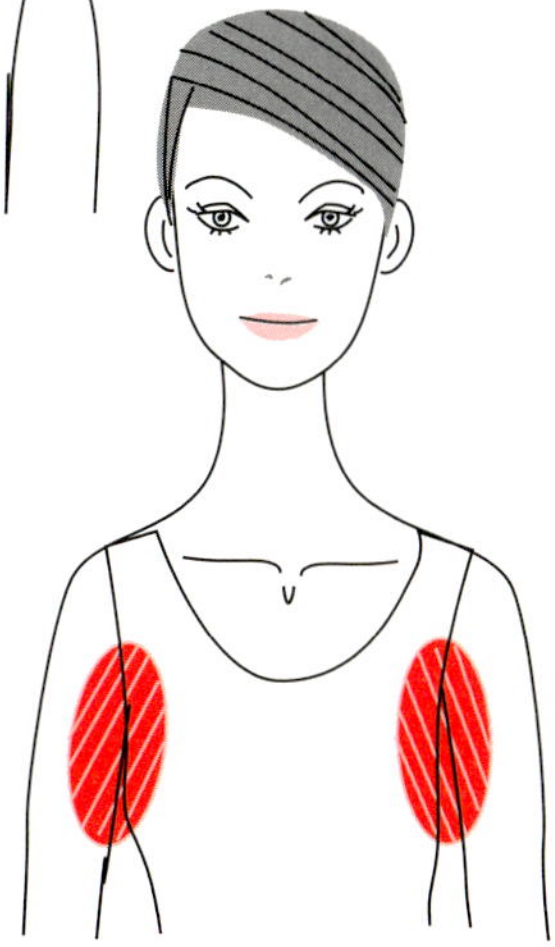

脇の下

（腋窩《えきか》リンパ節）

脇の下の腕の付け根部分にあるリンパ節。ここに顔から首、鎖骨へと流された老廃物を押し出します。

むくみ解消で小顔になる

むくみ解消法 その1

❶親指であごの裏側を押しながら、残りの4本であごの骨全体をつかむ気持ちで。

❷そのまま顔の中心から耳の付け根に向かって両手をゆっくりと移動させます。

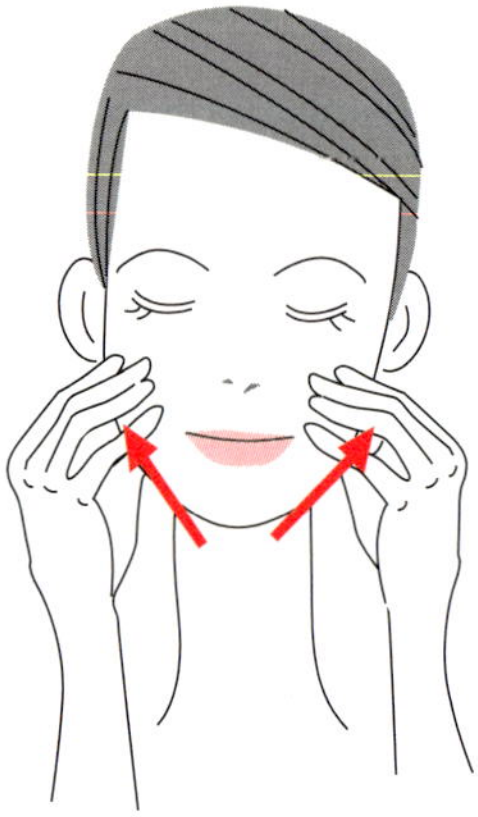

むくみやたるみこそ「顔太り」の元凶《げんきょう》ですから、小顔を目指すならリンパマッサージは不可欠です。

そもそも顔のむくみというのは、新陳代謝が悪いために体内に老廃物が滞《とどこお》って起きるもの。簡単なリンパマッサージをして老廃物を流し出すだけで、ずいぶんと改善されるのです。

マッサージの方法としては、マッサージクリームを手で温めてから顔全体に塗り、リンパ節をしっかりと押しながら、「上へ！ 上へ！」と意識して顔を引き上げます。できれば、朝・晩行ってください。

むくみ解消法 その2

❶リンパ節のある耳の下を意識しながら、親指と人さし指でVの字をつくり両耳を挟《はさ》みます。

❷手のひら全体で頬を包み込むようにして、こめかみに向かって口角を持ち上げます。

❸奥歯にぐっと力を入れて、「リフトアップをしている」と意識をしながらさらに引き上げます。

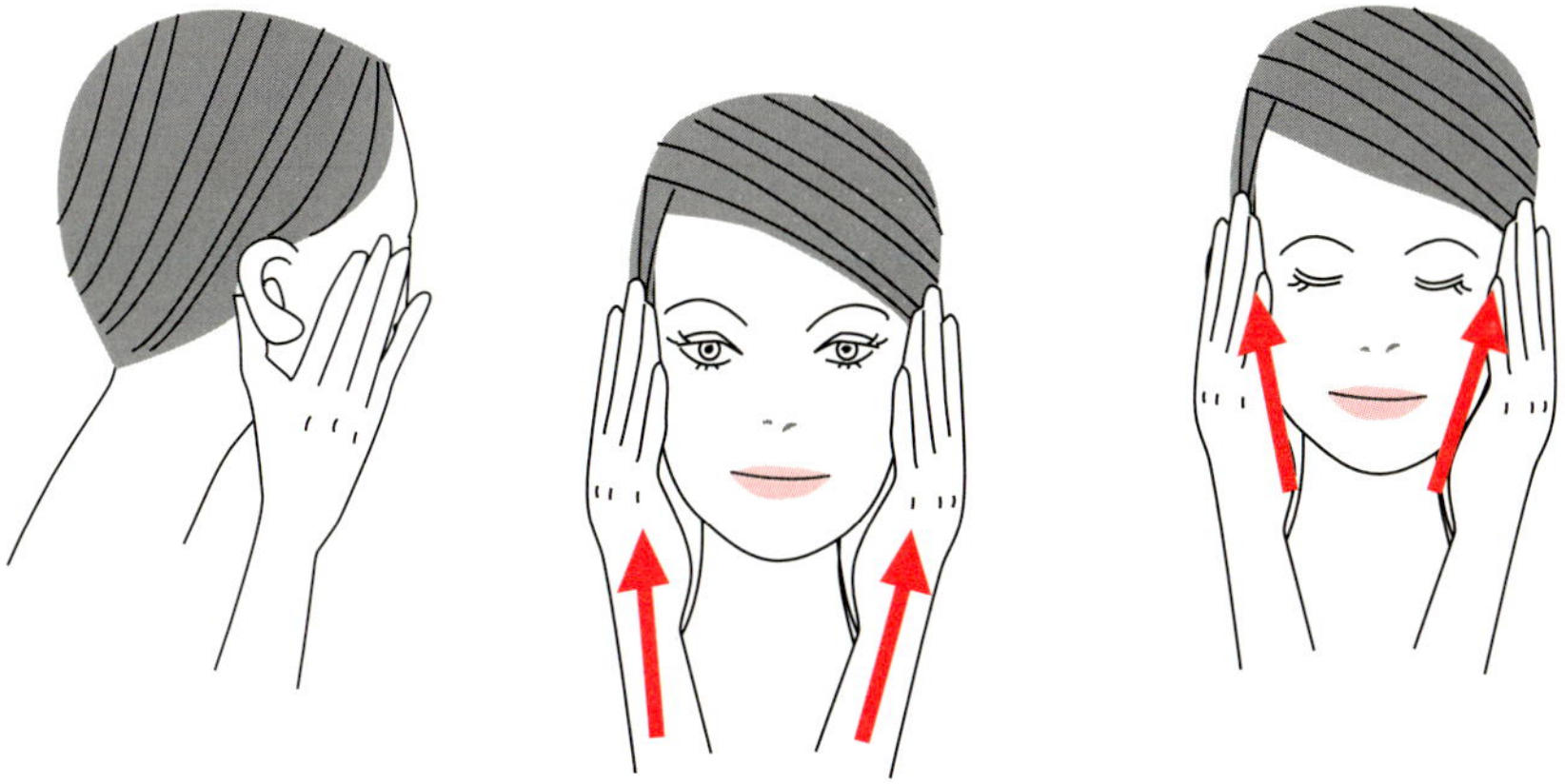

むくみ解消法 その3

❶たるんでシワになりやすい額は、軽く指圧をしてほぐしたあと、左右片方ずつ、こめかみに向かって老廃物を押し流します。

❷そして、たるんだ皮膚を左右一緒に引っ張ってのばします。

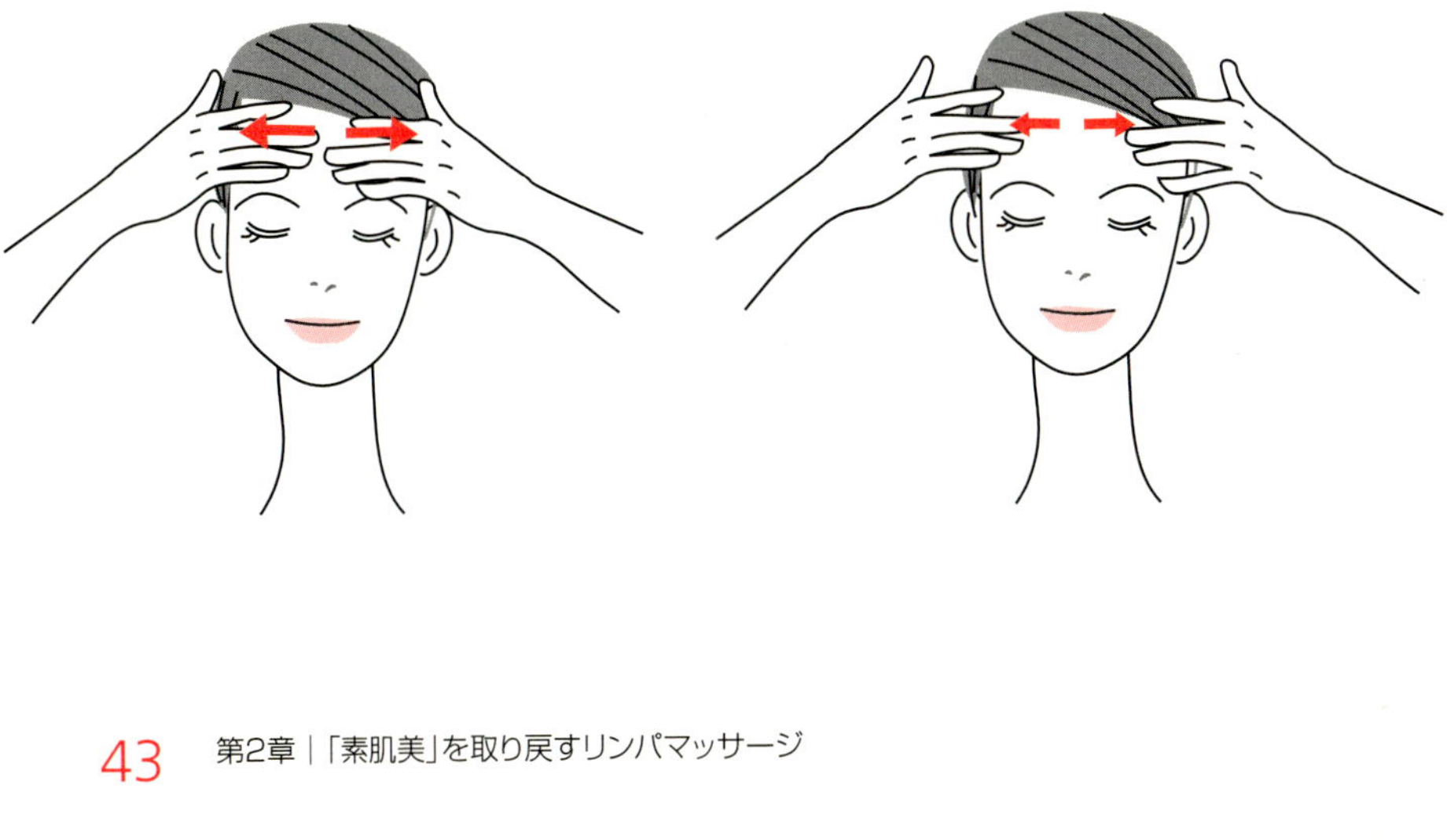

リンパマッサージ❷

血行をよくして顔色よく

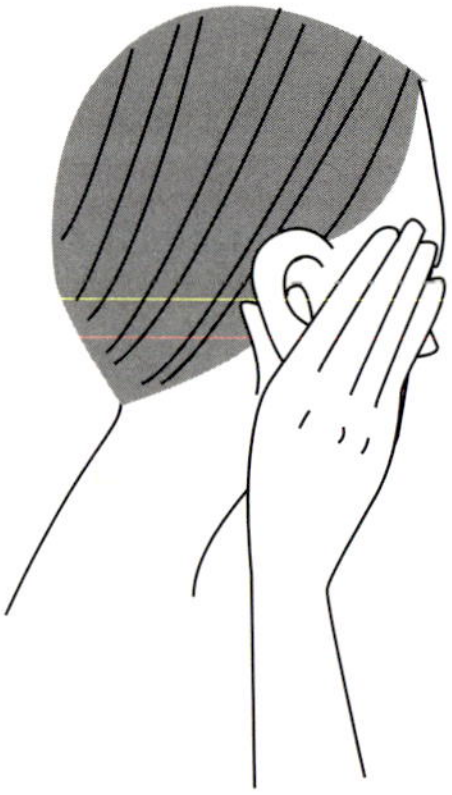

❶耳の裏のくぼみ（耳下腺）に親指を当てて、ぐっと押します。

❷両手で頬を包み込みながら、顔全体を手のひらでプッシュします。

❸プッシュした手のひらをパッと離します。これを繰り返すと頬がバラ色に変わります。

リンパマッサージをするということは、同時に血行もよくしているわけですから、当然血色がよくなるのですが、寝不足の朝や生理中など、すぐに血色をよくしたいならこんなリンパマッサージをおすすめします。

耳の下にあるくぼみ（耳下腺）を親指でぐっと押したあと、両手で頬を包み込むようにして手のひら全体で顔をプッシュして離す。これを5～6回繰り返します。

まるでポンプのように老廃物を押し流して顔をスッキリとさせるほか、マッサージ効果で血行がよくなり、頬もほんのりとバラ色になります。

リンパマッサージ❸

指圧効果で腫《は》れまぶたスッキリ

腫れぼったいまぶたは、ぼんやりとした印象を与えます。私自身もかつては、自分の一重まぶたが大嫌いだったのですが、このリンパマッサージを続けたお陰《かげ》で、まぶたの腫れがなくなりました。

もっとも、まぶたが腫れているときというのは、その部分だけではなくて顔全体がむくんでいるはずですから、本来はあごの裏や首、鎖骨まで含めたリンパマッサージをしていただきたいのです。

しかしどうしても時間がないという人には、目元だけのお手軽なマッサージをおすすめします。

❶軽く目を閉じ、目頭から目尻に向かって眉毛の下あたりに4本の指を当てて指圧します。

❷爪を伸ばしている方は、このように親指の腹を使って押してもかまいません。

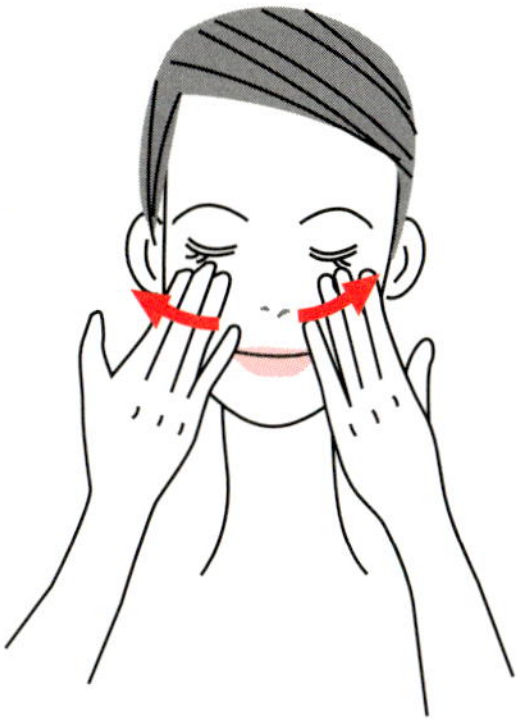

❸下まぶたも内から外に向かって指圧。強さの加減は心地よいと感じる程度に。

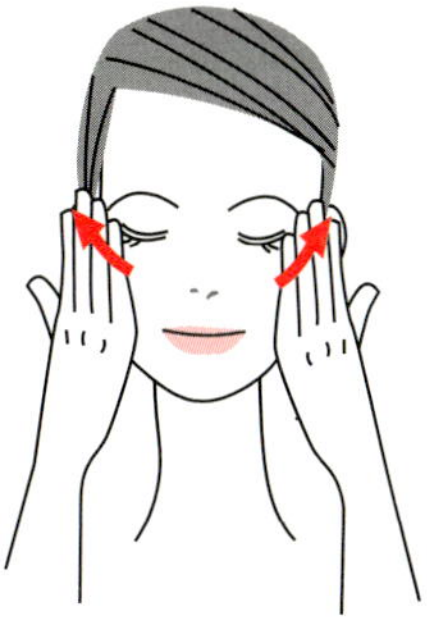

❹上まぶたも下まぶたもともに、目尻まできたらこめかみに向かって老廃物を押し流します。

リンパマッサージ❹

フェイスラインをなぞって二重あご解消

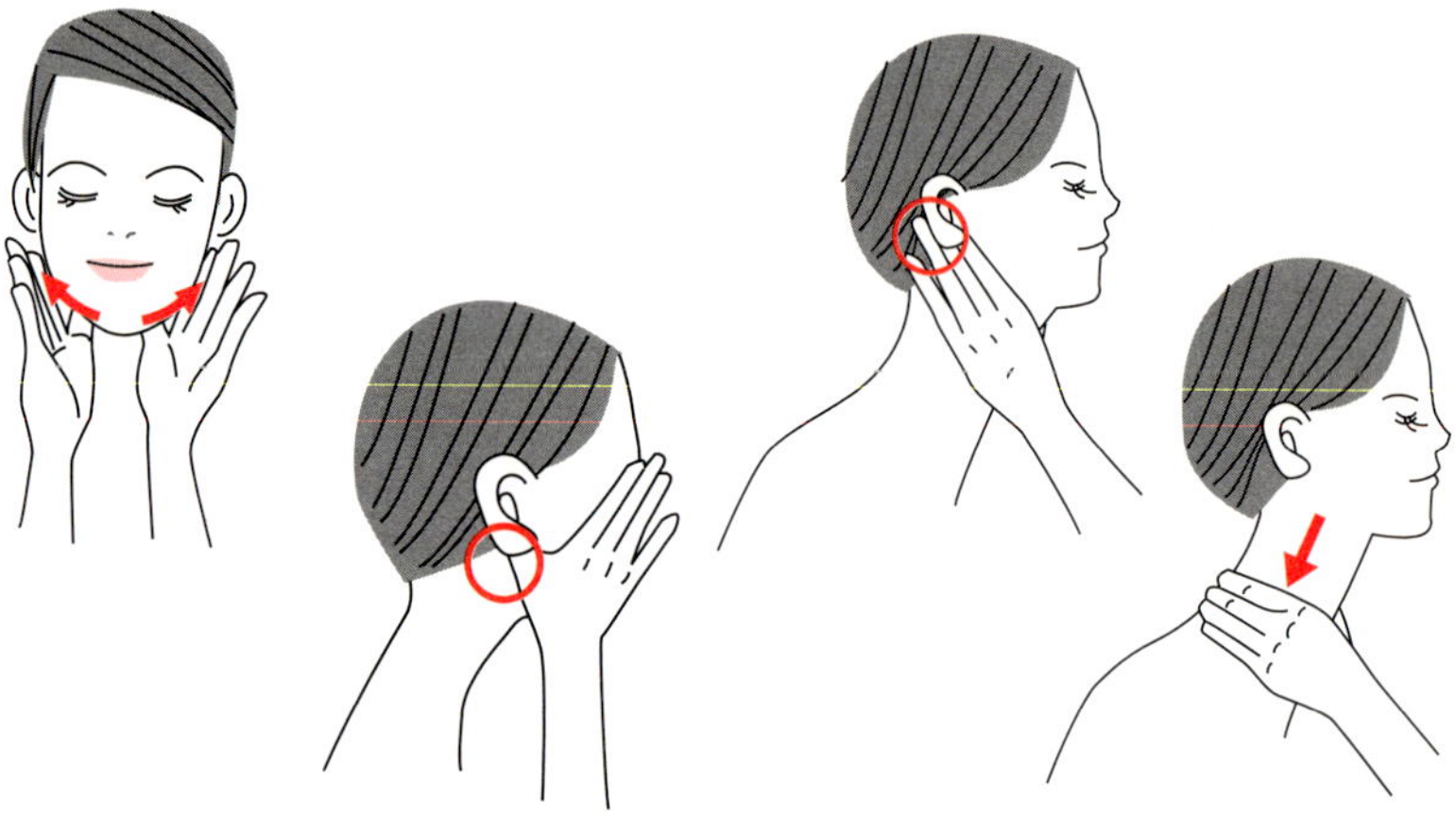

❶両手の親指であごの裏側を、輪郭に沿って中央から耳の下に向かって指圧します。

❷耳の下まで行き着いたら、耳下腺をぐっと押して、溜まった老廃物を押し出します。

❸右手の中指で左耳の下の耳下腺を押し、同時に手のひらを大きく開いて首をつかみます。

❹そのまま手のひらを鎖骨に向かって下に流すように滑《すべ》らせます。左右交互に行いましょう。

耳や首周辺のリンパ液の流れが悪いと、輪郭にしまりがなくなります。これがフェイスラインのたるみで、二重あごの原因にも。だから私は、暇《ひま》さえあればこのリンパマッサージを実践しています。

まず、両手の親指でフェイスラインに沿って、あごの裏側から耳の下に向かってリンパを押します。そして、耳の下のくぼみ（耳下腺）をぐっと押しながら鎖骨に向かって老廃物を押し流す感覚でマッサージします。

このケアを続けると、数ヵ月でたるみが消え、顔の輪郭がすっきりとします。

リンパマッサージ❺

首を制する女性が美肌を制す

❶ネッククリームをたっぷりと手に取って、耳の下の耳下腺を両手の中指でまず押します。

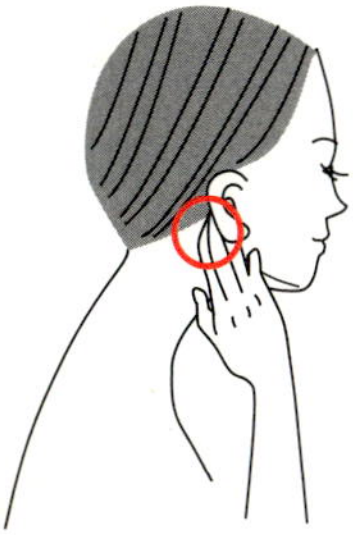

❷指全体を使って、溜まった老廃物を首の側面に沿って鎖骨に向かって押し流します。

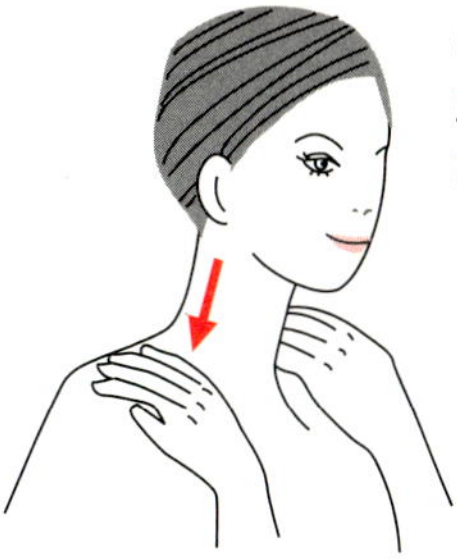

❸鎖骨リンパ節に4本指を入れて、真ん中から外へ、肩先に向かって老廃物を押し流します。

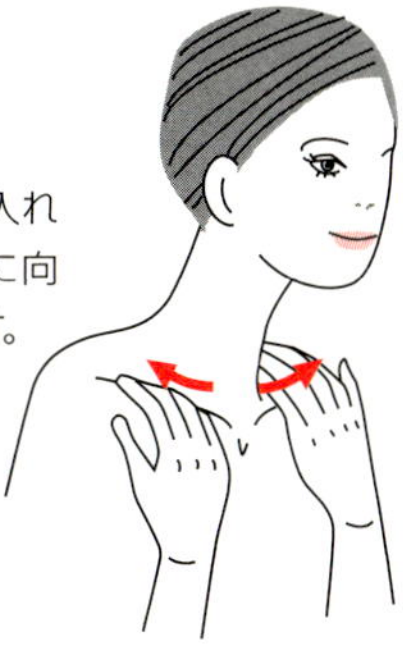

❹鎖骨から脇の下の腋窩リンパ節へ老廃物をさらに流し、最後に脇の下を押さえます。

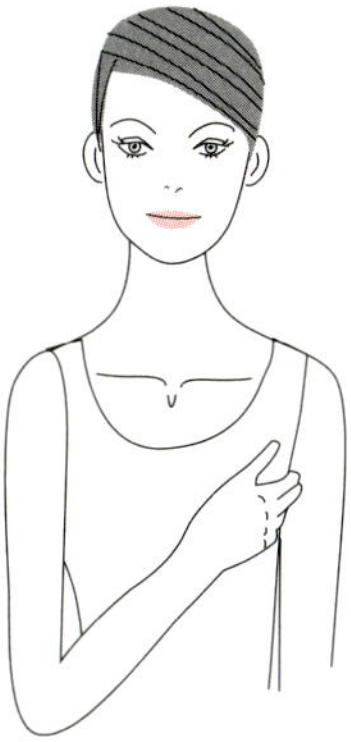

前後、上下、回転運動と、体の中でもとにかく頻繁に動かすのが首です。

そのわりにはデリケートでシワも寄りやすい部分ですから、私はお風呂から上がると顔よりもまず首をケアするほど気を配っています。また、たるんだ首は顔を大きく見せるので要注意。

ところで、「首のケアは、ハンドクリームで大丈夫ですか?」とよく聞かれますが、大半のネッククリームは首の皮膚のハリや弾力に必要なコラーゲンやエラスチンを含んだ、たるみ予防に効果的なものです。30歳を過ぎたら、ぜひ首専用のクリームを常備しましょう。

beauty column

3

アドレナリン放出のすすめ

「ご主人がいなくて寂しくないの?」とか「再婚は?」と聞かれても、私にはピンときません。

なぜなら、私はいつでも恋をしているから。ただし、テレビの中の男性にですが。

昨日は木村拓哉《きむらたくや》、今日は田村正和《たむらまさかず》という具合に日替わりなのがミソ。その瞬間「ときめく」ことを楽しんでいます。

よく恋をすると女性はきれいになるといいますが、そう都合《つごう》よく恋のチャンスがやってくるわけではありません。でも実は私のように「なんちゃって恋愛」をするだけでも、女性ホルモンはきちんと分泌されるのだとか。

それから、私は空想をするのも得意です。たとえばお料理をしていても、「今日のゲストは○○さん!」と想像力を働かせて、一人の食事でもお客さま用のお皿や箸置きをテーブルに並べています。

実はメイクをするときにも想像力は大切で、「今日はあの人と会うから、こうしてみよう」と思いながらするのとしないのとでは、仕上がりがまったく違ってくるのです。

私は手や指、体温など自分の体がもっているものはすべて活用する主義ですから、体内から出るホルモンだって美容の味方にしてしまいます。言ってみれば、「アドレナリンは、もうひとつの美容液」。ちょっとしたドキドキ感も美肌のクスリになるのです。

第3章　毎日できる美肌スキンケア

「お金をかけてエステに通っても
きれいになれない人は
たくさんいます。
自宅で、そして自分でできること、
もっとあるはずです」

朝のお手入れ手順

1	**洗顔**	洗顔剤をしっかり泡立てて顔を包み込むように洗います。基本的に、朝は洗顔剤を使わず、ぬるま湯ですすぐのが佐伯流です。
2	**化粧水**	手でつけてもかまいませんが、肌に元気が欲しいときは、3分でお肌が甦《よみがえ》るローションパック（**82ページ参照**）がおすすめ。
3	**美容液**	肌の状態によって美容液を変えてもいいでしょう。私は肌に浸透しやすいものを使って、意識的に真皮《しんぴ》に栄養を与えています。
4	**乳液またはクリーム**	取り入れた栄養分を肌の中に留《とど》めておくのが乳液やクリームの役目です。しっかりと手でクリームを温めてから使うように。
5	**下地クリーム**	紫外線予防効果や美白効果のあるものなど、その日の自分の行動に合わせて選びます。乳液タイプでもかまいません。
6	**ファンデーション**	30代以降の女性には、リキッド・ファンデーションがおすすめ。しっかり肌の奥に入れ込めば、夏でも化粧直しは不要です。

朝は予防

紫外線やエアコン、タバコの煙《けむり》や排気ガスなど、肌にとって過酷《かこく》な状況が待ち受けている朝は、それらの刺激から肌を護《まも》ることをスキンケアの第一目標に掲げます。

まずは鏡で顔をチェックし、今日の肌に必要なものを吟味《ぎんみ》。「今日は一日、屋外か」「エアコンのきいた室内にいるのか」など、その日の行動を予測して化粧品を選びます。

そして肌への浸透を高め、化粧くずれを防ぐ意味でも、私はすべての化粧品を手で温めてから指先で毛穴に入れ込む「ひと手間ケア」をおすすめします。そうすれば、汗をかいても濡《ぬ》れたコットンで顔を軽く押さえるだけで、一日中、化粧直しの必要がありません。

夜のお手入れ手順

1	クレンジング	30代以降の女性はクリームタイプのクレンジング剤を。目と口のポイントメイクは専用のクレンジング剤で最初に落とします。
2	洗顔	クレンジングでしっかりメイクと汚れを落とせば、あとはぬるま湯洗いだけでも十分。洗顔剤を使うなら、しっかり泡立てて。
3	スクラブ	約10日に一度、スクラブ剤を使って洗顔すると古い角質が取れて、肌に白さが戻ります。洗顔剤と混ぜればソフトな感触に。
4	化粧水	ローションパックの上からラップで覆《おお》う（**84ページ参照**）と、さらにうるおい感が増し、次につける美容液の浸透がよくなります。
5	美容液	水分が足りないのか、かさつきが気になるのか。自分の肌診断に基づいて、どの美容液を真皮層に送り込むかを決めます。
6	乳液またはクリーム	補給した栄養分を逃がさないよう、乳液かクリームを、両手の指の腹と手のひらを使ってしっかりと肌になじませ、フタをします。

夜はセラピー

夜は疲れた肌を癒《いや》す「セラピー」のケアと心得ましょう。

まずは、コットンと綿棒を使ったクレンジングで汚れを完全に取り去る。そして、化粧水で肌を整えたら美容液で栄養補給、そしてクリームで栄養を閉じ込めます。

もっともこれは基本のケアで、週に一度は角質ケアのためにスクラブ洗顔をする、紫外線を多く浴びた日はホワイトニングパックをするなど、その日の肌状態に応じた「ひと手間」を忘れずに。

夜のケアをきちんとすれば、翌日の肌は確実に違ってきます。メイクも落とさずに寝てしまう、こんな生活は絶対にダメ。もう一度、肌への愛情を見直してみてください。

温《おん》ケアで心とお肌をリラックス

こんな日は……

＊北風の吹く日にショッピング
＊クーラーのきいた部屋でカンヅメ
＊スキーで肌がカチカチ
＊生理中で体が冷える
＊精神的なストレスが溜《た》まっている

寒い冬の朝、縁側《えんがわ》でネコが日向《ひなた》ぼっこをしている風景は、なんとも微笑《ほほえ》ましいものです。彼らは本能的に自分が一番気持ちのいいスポットを知っているのですね。人間だって北風の吹く日には喫茶店でホットコーヒーを飲みたくなったり、こたつが恋しくなったりするものです。

肌ももちろん同じ。冷えてこわばってしまった肌は、毛穴も堅く閉じていますから化粧品も浸透しません。まずは温めて「解凍」してあげてからお手入れをしましょう。

それには温かいお風呂にゆったりと浸《つ》かるのがベストですが、時間がなければホットタオルを顔に当てたり、お湯をはった洗面器に後頭部を浸《ひた》すだけでもよいのです。

美容室や床屋さんでホットタオルを首や後頭部に当てられたときの、フッと体じゅうの力が抜けるあの快感を、どうぞみなさんなりの方法でスキンケアに取り入れてみてください。

特別なお手入れ

冷《れい》ケアで体とお肌を鎮静《ちんせい》

こんな日は……

＊炎天下を長時間歩いた
＊朝からゴルフ三昧
＊得意先を駆け回り、顔が紅潮
＊ひどく腹の立つことがあった
＊なんとなく汗ばんだ

スポーツ選手がアイシング・スプレーや湿布で炎症を起こした部分を鎮静させるのをテレビでよく目にします。

私がおすすめするローションパック（82ページ参照）は、いわば冷湿布。つまり、火照《ほて》ったり刺激を受けたりした肌を鎮静させてキメを整え、次の化粧品を肌の奥に浸透させやすくするものです。

これは日々のお手入れの一環としてぜひ取り入れてほしいのですが、さらにスポーツや仕事でとくに肌が上気した日には、佐伯流「冷ケア」を実践してみてください。

用意するものは冷蔵庫で冷やしたタオルや、１００円ショップなどで売っているスプレー容器、冷凍室の氷など。どれも家にあるもので簡単にできますが、内容は私のサロンでも行っている本格的なケアです。

いつでも肌を正常に戻せるケアをぜひ身につけておいてください。

温ケア

1 クレンジング

マスカラやアイシャドウ、口紅などの「色モノ」を落としてから全体のクレンジング。コットンで大まかなメイクを落とし、細かい部分は綿棒を使うと簡単です。

ロール状にしたホットタオルを首の後ろに当てると落ち着きます。

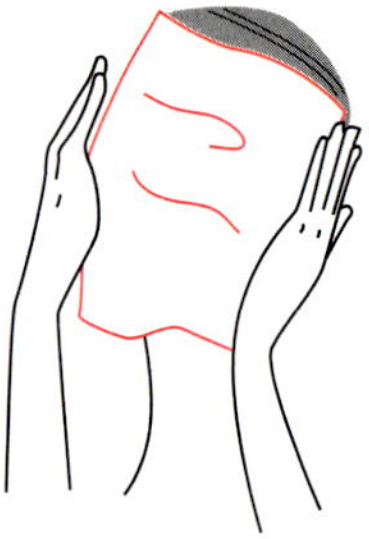

2 ホットタオル

タオルをお湯で濡らして絞り、ラップに包んで電子レンジで約30秒間温めます。そして顔全体と耳を覆うと、閉じていた毛穴が開き、お手入れしやすくなります。

ホットタオルを3分間。顔全体と耳を覆います。

3 洗面器とお湯

お湯をはった洗面器に後頭部を浸けてみましょう。また、お湯のスチーム効果で毛穴を開き、お手入れしやすくすることもできます。

タオルを頭から被《かぶ》り、湯気を顔に当てます。

後頭部を湯に浸けるだけでリラックスできます。

4 化粧水

冷えきった肌を正常な状態に戻したら、ローションパック（82ページ参照）。水で濡らして絞ったコットンに化粧水を500円硬貨大を目安に垂《た》らし、さらにコットンを4〜5枚に薄く割《さ》いて肌の上にのせて3分間おきます。

5 マッサージ

こわばった筋肉を指先で軽く押すようにして、顔全体をマッサージします。マッサージクリームを使うなら、鎮静やうるおい効果のあるものを。筋肉がほぐれ、同時に血行やリンパの流れがよくなるので、顔色もよくなります。

6 美容液

肌表面の状態を十分に整えたところへ、真皮に栄養を与える美容液を浸透させていきます。肌が疲れていると感じたら、美白美容液と保湿美容液という具合に、2種類の美容液を重ねづけしてもよいでしょう。

7 クリーム

最後に水分や栄養分が逃げないように、クリームでしっかりとフタをします。肌が冷えて乾燥した日には、乳液よりも保湿効果の高いクリームがおすすめ。中でも、ハリや弾力をアップさせるタイプのものがベストです。

冷ケア

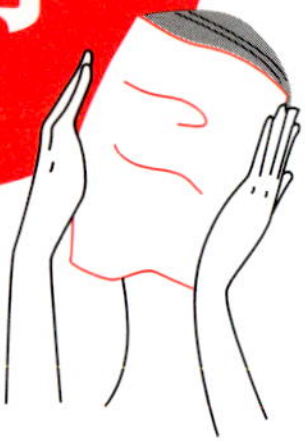

顔と耳まで
コールドタオルで覆います。

1 クレンジング

アイメイクを落としてから全体をクレンジング。軽めのメイクなら液状のクレンジング剤で、キッチリとメイクをした日は、クリームタイプのクレンジング剤で落とします。

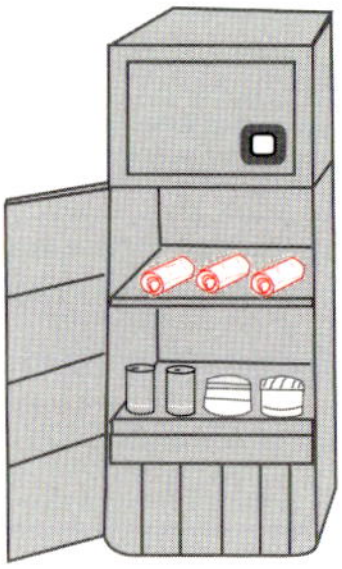

水で湿らせたタオルを
数本、冷蔵庫に常備。

2 コールドタオル

あらかじめ冷やしておいたタオルをラップで包み、粗熱《あらねつ》を取る気持ちで顔にのせます。また朝、洗顔のあとに顔に当てれば毛穴がキュッと引き締まり、メイクのノリがよくなります。

3 ウォータースプレー

粗熱を取った肌をさらに鎮静するには手軽なウォータースプレー（86ページ参照）を。100円ショップなどで販売しているスプレー容器もしくは鶴頸《つるくび》スポイトの中に精製水を入れ、顔に給水。肌表面に直接たっぷりの水分を与えることで即、うるおい感が戻ります。

筋肉の流れに沿って
勢いよくスプレーします。

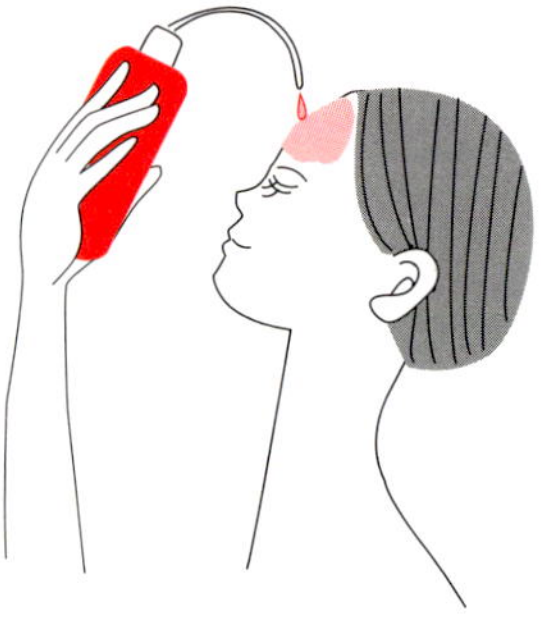

鶴頸スポイトは
緩《ゆる》やかな刺激を
お好みの方向け。

4 氷

肌をクールダウンさせるのにもっとも即効力のあるのが氷。保冷剤の利用もおすすめです。

氷をラップに包んでコロコロ転がします。

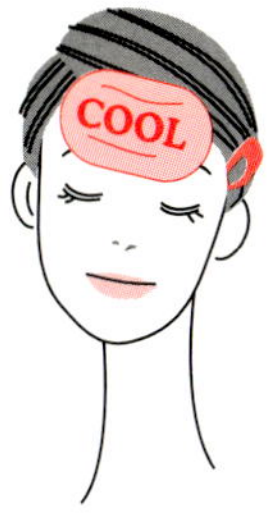

保冷剤も冷蔵庫に保管しておけば役立ちます。

5 化粧水

水で湿らせたコットンに化粧水を垂らし、肌にのせて3分間。これが基本のローションパック（82ページ参照）。さらに効果を上げたければ、その上にラップをのせます（84ページ参照）。スチーム・サウナ状態になって肌はプルプルに。

6 パック

汗をかいたり埃《ほこり》をかぶった日は、毛穴が黒ずんでいるものです。そんなときは、美白パックを。ふだんの洗顔が自宅での洗濯だとすれば、パックはクリーニングに出したシャツ状態。パリッと糊《のり》がきいたように、翌日の肌が違ってきます。

7 美容液

くすみには美白美容液、水分が足りないと感じたら保湿美容液を。また、目のまわりがかさついていたらアイ美容液も加えましょう。笑いジワやちりめんジワが気になる人は、シワの中に美容液を埋め込むようにします。

8 クリーム

自分の肌状態をチェックして、必要な栄養分をしっかりと補給したら、最後はクリームまたは乳液でフタをします。30歳を過ぎると「取られる」ほうが多くなりますから、できればきっちりとクリームでフタをしましょう。

beauty column

4

ブランドにこだわるのは「色」と「香り」だけ

今、デパートに行けば、ありとあらゆるブランドの化粧品が簡単に手に入ります。ただし、これだけ選択肢があると、自分にピッタリの化粧品を探すのは至難《しなん》のワザ。実際にすべてを試すわけにもいかないし、新製品が出れば浮気をしたくなる。また、美容カウンターに行けば必要のないものまで買わされ……。

そういう化粧品選びに自信のない人が、ついブランドで化粧品を選んでしまうのです。

それが悪いとは言いません。「このブランドが好き」という気持ちは大切ですし、実際に使ってみてよければ問題はありません。

でも、化粧品の良し悪しも吟味《ぎんみ》しないで、ブランド崇拝者《すうはいしゃ》みたいになってしまうのは、本当にお肌にとっていいことなのでしょうか。

それよりも、「このブランドの美容液は最高だけど、ファンデーションは昔から使っているあのブランド」と、自分なりにアレンジして使いこなすのが賢《かしこ》いと思うのです。

ただし、私がブランドにこだわっていただきたいと思っているのは、「色」と「香り」です。

たとえば「ゲランのインペリアル」(香水)、「クリスチャン・ディオールの631番」(口紅)のように、そのブランドにしか出せない色や香りというものがあるのです。本当は色や香りにこそ、「ブランド魂《だましい》」が息づいているのです。

第4章 肌トラブル完全解消法

「私は40歳で
『肌地獄』を体験しました。
でも毎日、
心を込めてお手入れしたら、
トラブルがすべて消えたのです」

肌トラブルを「予防」そして「修復」

どんなに素敵なドレスをまとっていても、その体が貧弱だったり、逆に脂肪でダブダブになっていては、ドレスが一人歩きしているようなもの。決して美しい着こなしとはいえません。

私はよく「表皮《ひょうひ》は天然のお洋服」と言います。体に合わないドレスと同じ原理で、肌だって表面にいくら高級なクリームを塗っても、それを支える真皮《しんぴ》、表情や立体感を生み出す筋肉、加えて体の健康状態が悪ければ、本当の意味での美肌とは呼べません。

スキンケアというと、とかく表皮ケアばかりがクローズアップされがちですが、私はもっとトータルな意味で、みなさんにきれいになっていただきたいのです。そこで以前からお伝えしたいと思っていたのが、「肌」と「筋肉」の両面からケアするという「魅力学（チャーモロジー）」のひとつの考え方です。

これは簡単に言えば、体の部分にあたる筋肉の運動をすることで、たるみやシワなどを「予防」し、肌のお手入れによって、できてしまったたるみやシワを「修復」するというもの。

たとえば「たるみ」は、表皮という一枚の膜だけがたるむのではなく、筋力が衰《おとろ》えるから皮膚を支えきれずに垂《た》れてしまう。つまり厳密に言うと、ただ皮膚に化粧品を塗っているだけでは、トラブルケアという観点では不十分なのです。スキンケアと筋肉運動、そして健康管理。これらをトータルで捉《とら》えて取り組めば、肌トラブルは劇的に解消されるに違いありません。

肌トラブル解消法

●体の中から改善……食事、サプリメント

ミネラルウォーター、野菜、フルーツ。これは私が毎日欠かさず摂《と》るものです。美肌のためにはとくにビタミンCとE、カルシウムの摂取が必要。サプリメントで補うなど工夫しましょう。

●肌の表面をケア……化粧品、表皮マッサージ

汚れを取るクレンジング、キメを整えるローションパック（82ページ参照）、古くなった角質の除去などが表皮ケア。肌をやわらかくして清潔を保つので、吹き出物やくすみの解消に効果的です。

●肌の奥に栄養……美容液

肌がたるんだりシミが濃くなるのは、真皮の働きが不十分だから。そんなときは美容液で真皮ケアを。シミならホワイトニング美容液、たるみはコラーゲンとエラスチン入りというように使い分けましょう。

●顔の筋肉を鍛《きた》える……美肌エクササイズ、真皮マッサージ

筋肉は使わないと衰えます。とくに目のまわりや頬はたるみやすく、シワも発生します。皮膚のケアとあわせて、筋肉の運動もしましょう。美肌エクササイズはとくに、たるみとシワに有効です。

美肌エクササイズ

❶ 5秒くらいかけて、笑顔をつくるように口をゆっくりと大きく開ける
❷ 口角を引き上げるように意識しながら5つ数える
❸ もとの表情にゆっくりと戻す

×3回

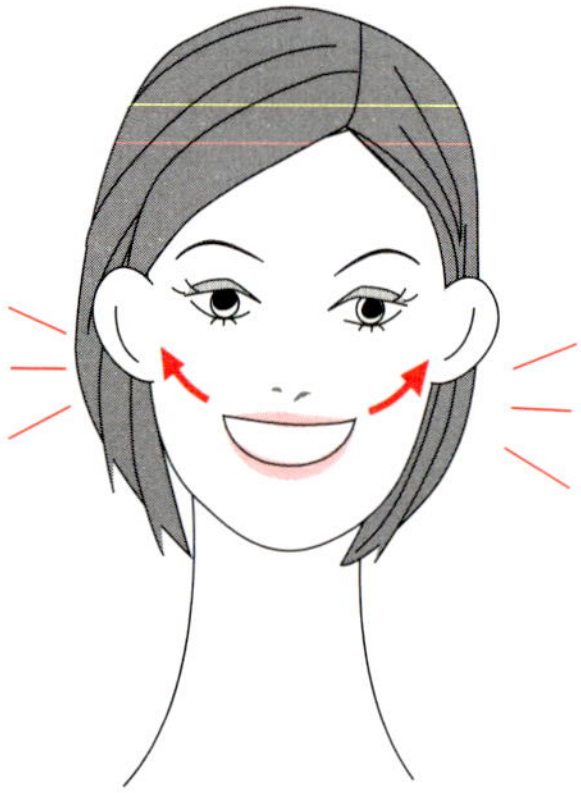

シミ専科

ひとくちにシミといっても、深い場所から出てくる濃いシミと、表面的で薄いシミがあります。

また、シミができる原因もさまざま。紫外線はもちろんのこと、病気やストレス、またニキビ跡がシミになることもあります。

いずれにしろ、シミができてしまったら諦《あきら》めずに根気よくケアしましょう。たとえ何年かかっても、気長に続けることで少しずつ薄くなります。

また、予防も大切です。紫外線は肌にとって百害あって一利なし。私も高校を卒業したときから、とにかく肌のために紫外線を避けてきました。普段から外出するときにはＵＶケアを怠《おこた》らないようにし、シミの原因をつくらないようにします。

スキンケアとあわせて美肌エクササイズを行うのも有効。とくにシミの出やすい頬の筋肉を丁寧《ていねい》にほぐして、新陳代謝を促《うなが》してあげましょう。

❶ 濃くて深いシミ
❷ 薄くて浅いシミ

1

濃くて深いシミ

ローションパック＋美白パック＋ビタミンCパック

濃くて深いシミには「美白3段パック」で根気よくケアすることが大切です。まずローションパック（**82ページ参照**）で真皮への通り道をつくります。次の美白パックでシミの元凶《げんきょう》、メラニン色素を肌表面に吸い上げ、最後にビタミンC入り美容液をつけて、メラニン色素をキャッチ。

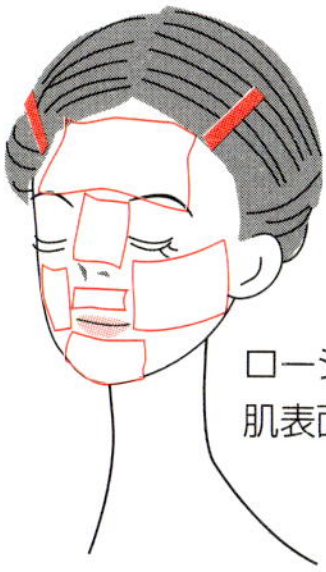

ローションパックで
肌表面を整えます。

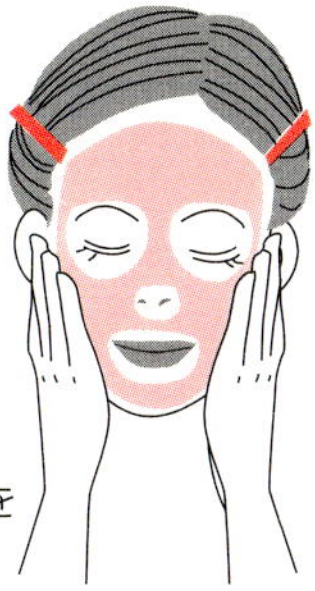

美白パックで
メラニン色素を
吸い上げます。

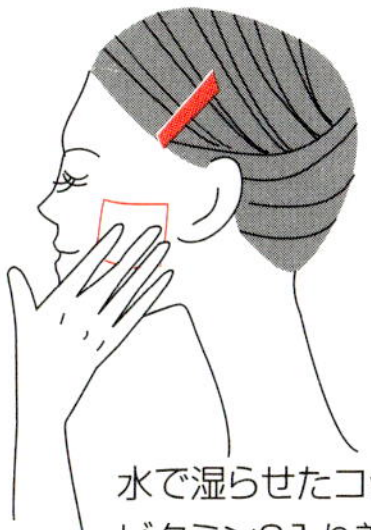

水で湿らせたコットンに
ビタミンC入り美容液を
含ませ、肌に直接はって
メラニン色素をキャッチ。

2

薄くて浅いシミ

ローションパック+美白パック

肌の表面に近いところにできる薄いシミの多くは、急に日に当たったときやストレス、病気などが原因。まだ比較的肌の浅い部分にできているシミなので、「美白2段パック」を続ければ薄くすることができます。ただ、心当たりがないのに突然出てきた場合は、医師に相談を。

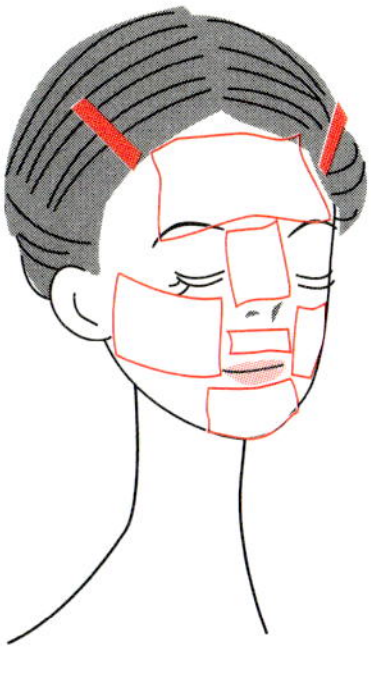

ローションパックで
肌表面を整えます。

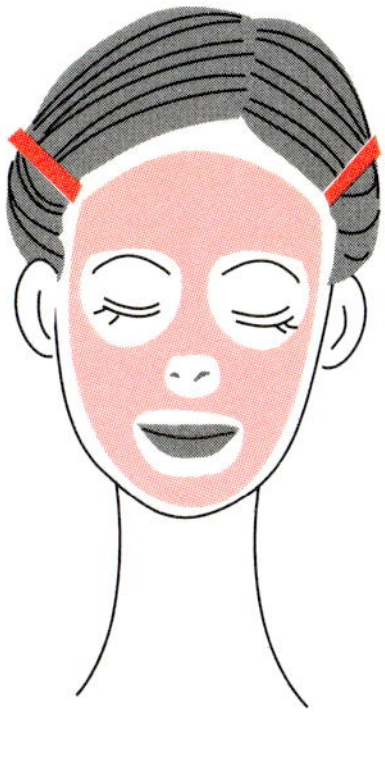

美白パックで
表面の色素を
吸い上げます。

シワ専科

歳を重ねてシワができるのは、ごく自然なこと。それなりの年齢の方なのに、その顔にシワがまったくなかったら、私はむしろ違和感を抱いてしまいます。「この方、何か入れてらっしゃるのかしら」って。いい意味でのシワは決してマイナスポイントではなく、その人の「個性」になるのです。

その一方で、お手入れをさぼって、ただ老《ふ》けさせてしまった顔は美しくも何ともない。今までさぼってきた方は、さっそく修復のためのスキンケアを。

また、肌の下垂《かすい》を防ぐ美肌エクササイズはシワの予防にも効果的。とくに目のまわりをドーナツ状に取り囲む「眼輪筋《がんりんきん》」は、放っておくとどんどん緩《ゆる》んできます。でも普段からこの筋肉を使う運動を心がけていれば、生き生きとした目元を保つことができるはず。スキンケアとあわせて実践しましょう。

❶ちりめんジワ
❷カラスの足跡
❸額・眉間《みけん》・口元の深いシワ

美肌エクササイズ

❶ 下まぶたを閉じるように意識しながら5秒かけて目を細めていく
❷ そのまま5つ数える
❸ ゆっくりと元の状態に戻す

×3回

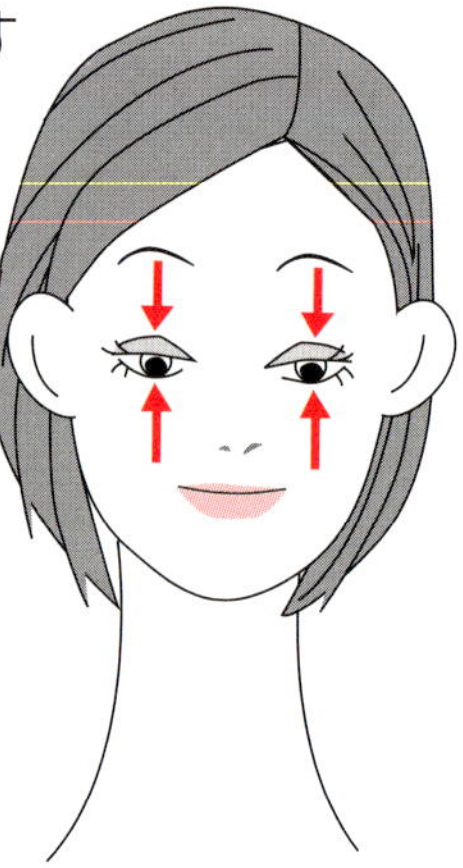

1 ちりめんジワ

シワを広げてクリームを入れ込む

絹織物の「ちりめん」のように、細かいヒダが無数に寄るちりめんジワは、目のまわりにできやすいもの。このタイプのシワはいろいろな方向にできますから、片方の手で縦のシワは横、横のシワは縦に開き、反対の手の指先でアイクリームやアイ美容液を丁寧《ていねい》に入れ込みます。

シワを広げて
目元用クリームを
入れ込みます。

2 カラスの足跡

水分・油分のバランスをとる

「カラスの足跡」といわれる目尻のシワは、水分と油分の両方が不足してできます。朝はアイ美容液で水分補給、夜はアイクリームで油分補給という具合に、両方を同時に補います。目のまわりの皮膚はデリケートなので、片方の手で固定しながら「外から内へ」すり込みます。

目尻のシワを指先で開き、
反対の手の中指で
化粧品を軽く
叩《たた》きながら入れ込みます。

目尻を押さえて固定し、
反対の手の中指と薬指で
目尻から目頭へ
化粧品をすり込みます。

3 額·眉間·口元の深いシワ

まずは、とにかく解《と》きほぐす

額や眉間、また口元に刻まれた深いシワは、どこか疲れた印象を与えます。これらは肌が硬くなってシワが「形状記憶」されているので、それを解きほぐすことから始めます。ただ無意識に化粧品を塗るのではなく、ほぐすという動作を加えることで、効果は違ってきます。

額の横ジワの
部分を縦に
つまみます。

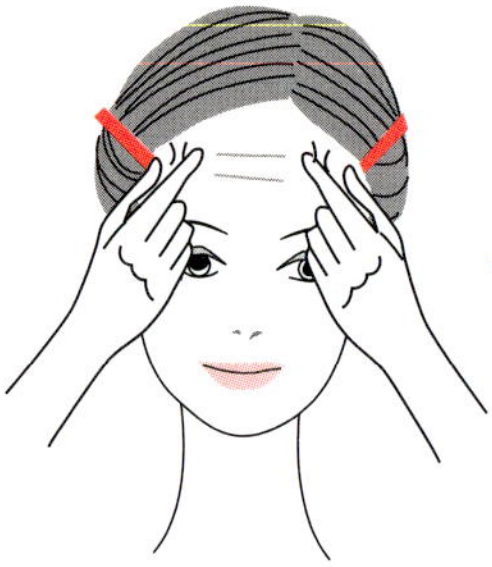

→

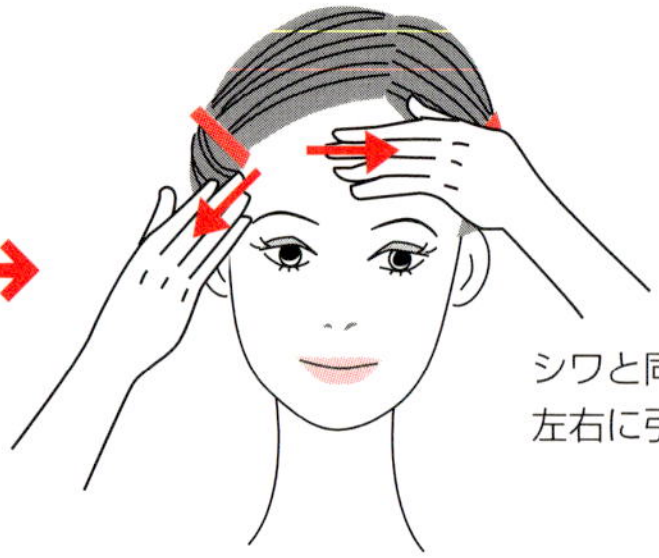

シワと同じ横方向に
左右に引っ張ります。

眉間の縦ジワの
部分を
横につまみます。

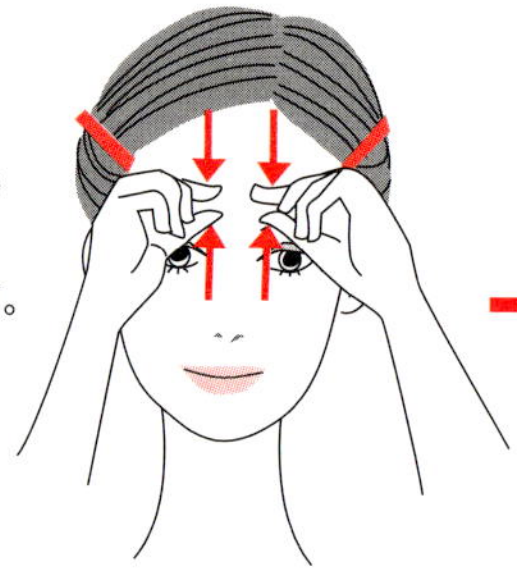

→

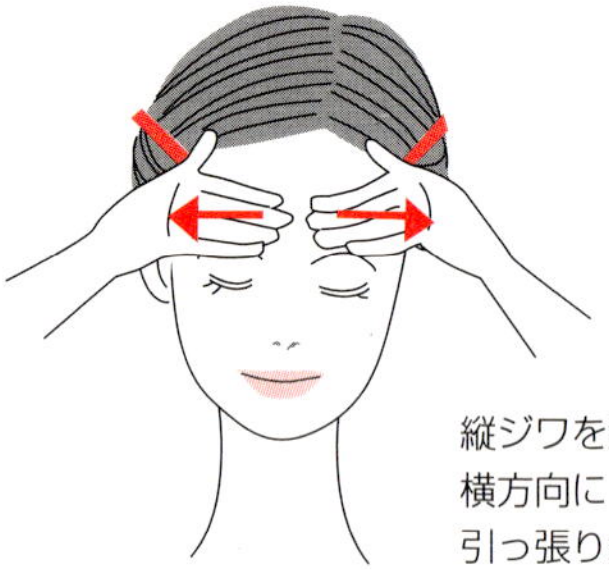

縦ジワを消すように
横方向に
引っ張ります。

口元の縦ジワの
部分を横に
つまみます。

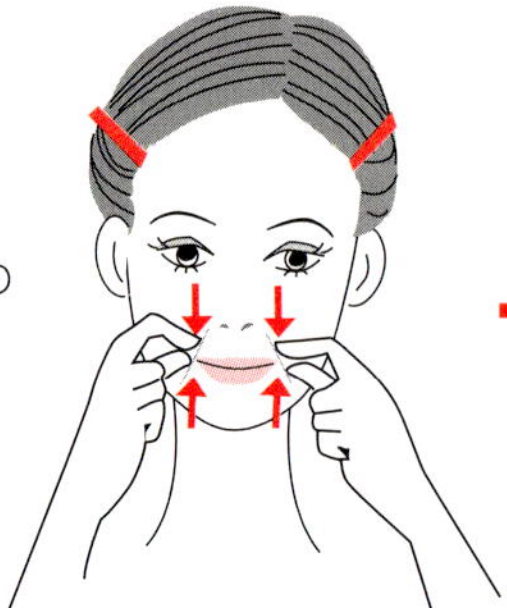

→

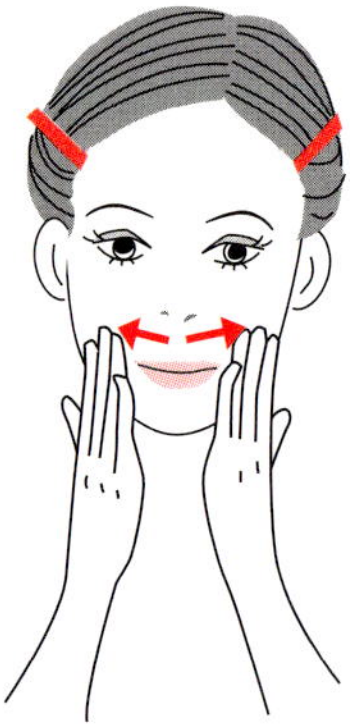

縦ジワを消すように
横方向に
引っ張ります。

くすみ専科

真っ白いタオルが、何度も使ううちに黄ばんでくるように、人間の肌も加齢とともにくすんでくるのは自然なことです。年齢を重ねると血液の色が変わってきますし、新陳代謝が悪くなるため古い角質が肌表面に長期滞在する。さらに肌の表面が摩擦などで黒ずんできます。これらの要素が重なって、肌はしだいに透明感を失っていくのです。

美肌エクササイズによって、目のまわりの血行をよくしてクマを予防します。また、くすんでしまった肌には角質ケア、クレンジング、ホワイトニングなどで透明感を与え、顔そりやティッシュで肌をこするなどの刺激は極力避けます。

睡眠不足やストレス、塩分の摂り過ぎや喫煙も肌をくすませる要因。普段の生活スタイルも見直してみましょう。

❶顔全体のくすみ
❷部分的なくすみ
❸目の下のクマ

美肌エクササイズ

❶ 軽く口を開け、鼻の下をのばし、下あごを引く
❷ 上目づかいの表情からゆっくりと下まぶたを閉じていく
❸ ゆっくりと元の表情に戻す

×3回

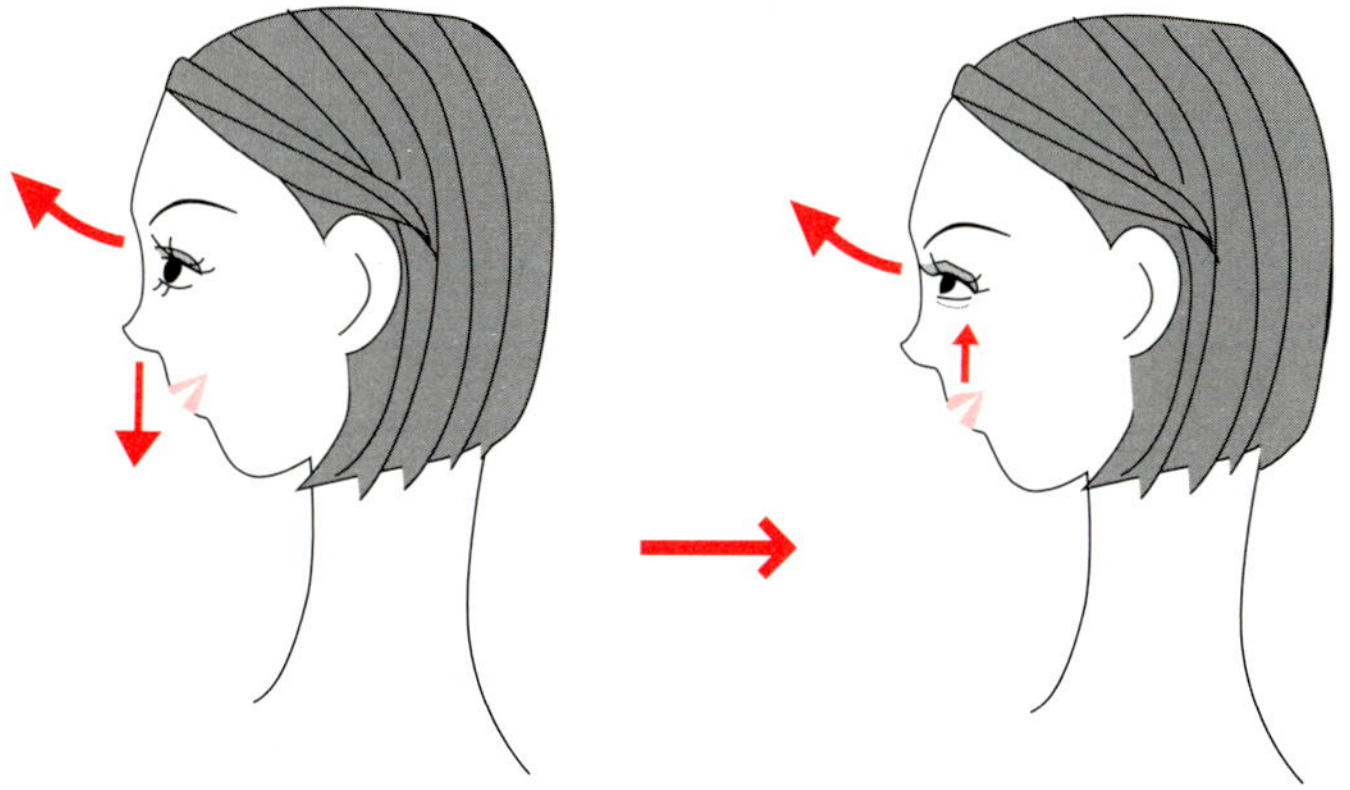

1 顔全体のくすみ

摩擦、刺激は禁物!

化粧品が肌に残っていると、色《しき》素《そ》沈着《ちんちゃく》してくすみとなるのでクレンジングを完璧に。またティッシュオフや顔そりを続けると、肌が防衛本能を働かせて分厚くなります。これもくすみの原因になるので、涙や汗は水で湿らせたコットンで拭き、顔そりはあまりすすめません。

きちんと毎晩
クレンジングをしましょう。

湿らせたコットンで
汚れを拭き取ります。

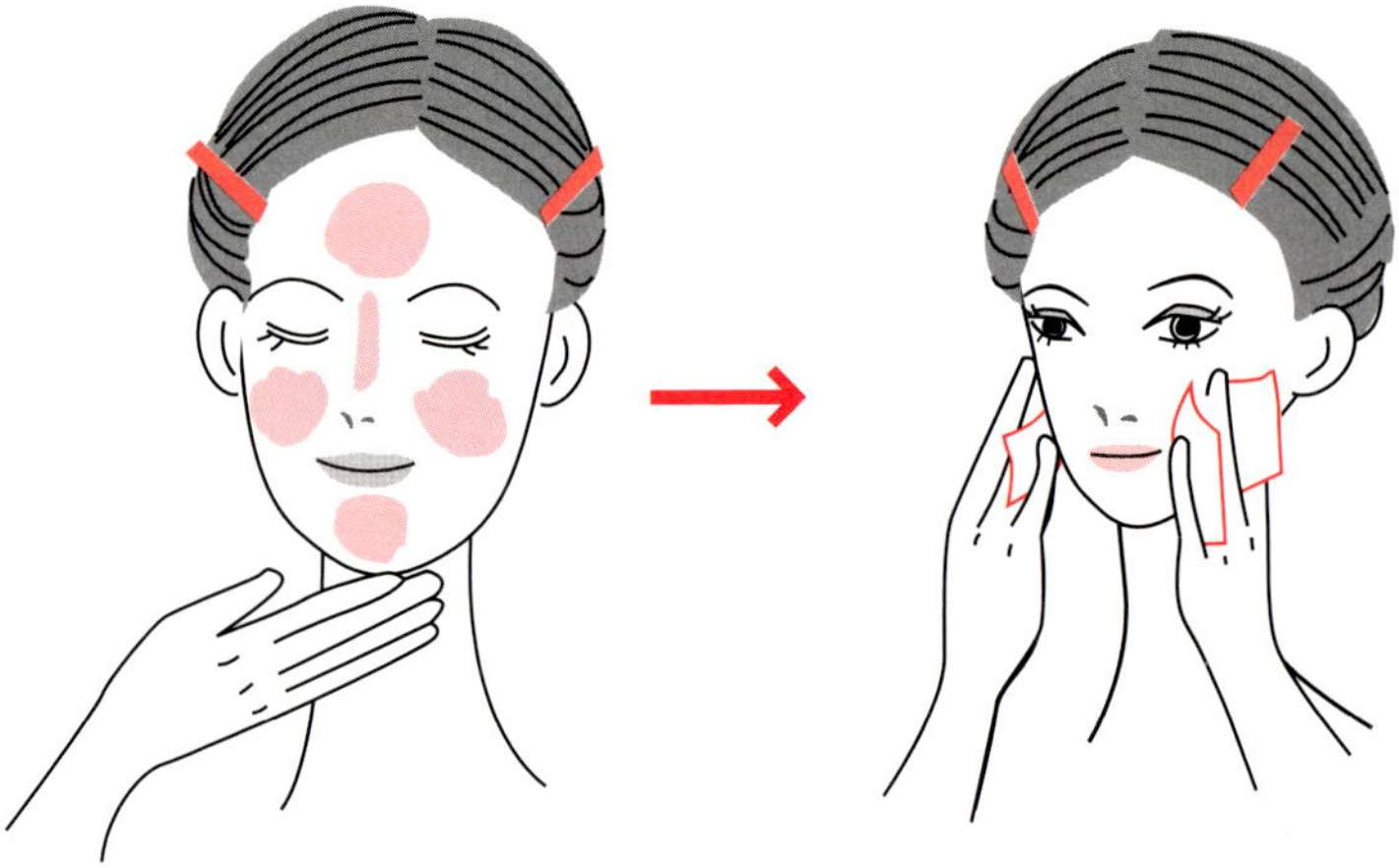

スポンジも
肌を傷つけ、
くすみの原因に。

NG!

顔そりは
肌を刺激し
くすみの原因に。

NG!

2 部分的なくすみ

ビタミンCと美白系中心に！

目のまわりは皮膚が薄く、皮脂腺や汗腺《かんせん》がないため部分的なくすみが出やすい場所です。ケアのポイントは、ホワイトニング化粧水によるローションパック（**82ページ参照**）、ホワイトニング・マスク、ビタミンCパックをまめに行うこと。食べ物でのビタミンC補給もおすすめです。

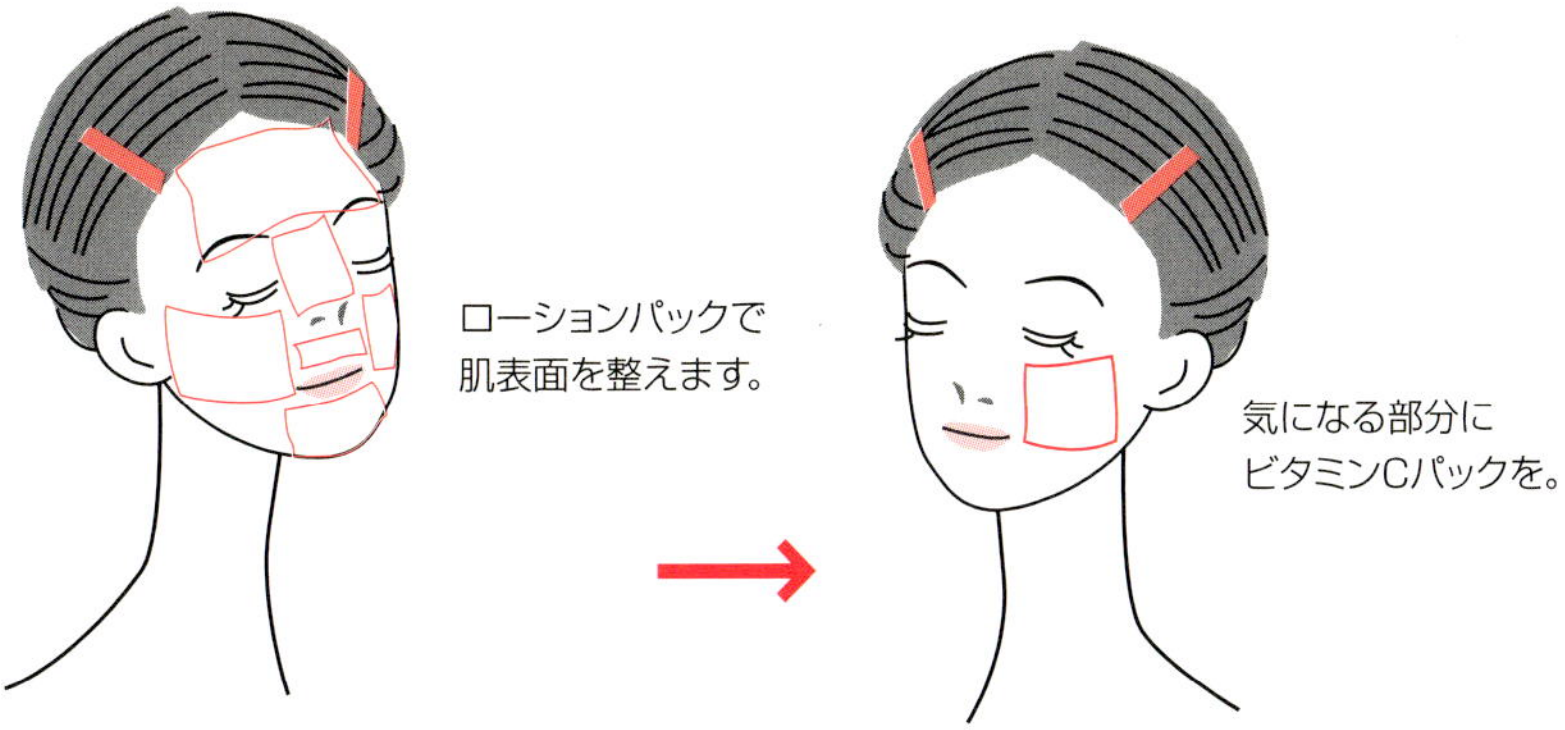
ローションパックで
肌表面を整えます。
気になる部分に
ビタミンCパックを。

3 目の下のクマ

血液とリンパの流れをよく！

クマをつくる原因に、寝不足や塩分の摂り過ぎがあげられます。化粧品では解消しづらいのが現実ですが、血液やリンパの流れをよくして老廃物を押し流すことは、クマの解消に効果が期待できます。普段のお手入れに、リンパマッサージ（**40ページ参照**）を取り入れましょう。

POTATO

NG!

塩分の多い
食べ物は
控《ひか》えめにしましょう。

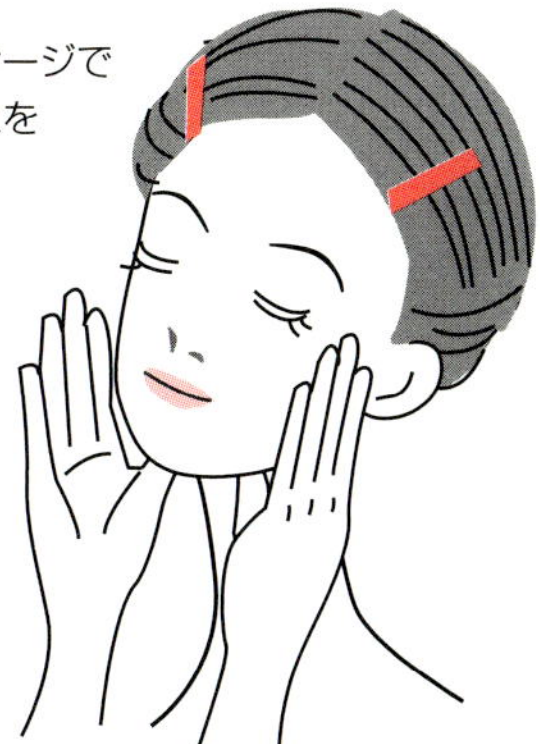

リンパマッサージで
リンパの流れを
スムーズに。

たるみ専科

　事務職などで下を向いていることが多い人や、人と話す機会の少ない人、また体の左右のバランスの悪い人は、顔がたるんだり二重あごになりやすいので注意してください。

　たるみの原因は、皮膚を支える筋肉の衰えにあるので、表皮ケアだけではなかなか修復できません。

　ですから美肌エクササイズや口を大きく開けて表情筋を鍛える「アエイオウ」運動などの筋肉運動を中心に、リンパや血液の流れをよくして顔をスッキリさせるマッサージ、パックを使った引き締めケアを取り入れていきましょう。

　私の場合、気づいたときにはなるべく頬を手で持ち上げるようにしています。そんなささいなことでも、「上へ！　上へ！」という意識をもてば、たるみは自分で防ぐことができるのです。

❶ネックラインのたるみ
❷頬のたるみ
❸口元のたるみ

美肌エクササイズ

❶ ゆっくり天井を仰《あお》ぐ姿勢をとる
❷ 舌をできるかぎり出す
❸ 5つ数える
❹ 上を向いたまま舌を引っ込める
❺ ゆっくりと元の状態に戻す

×3回

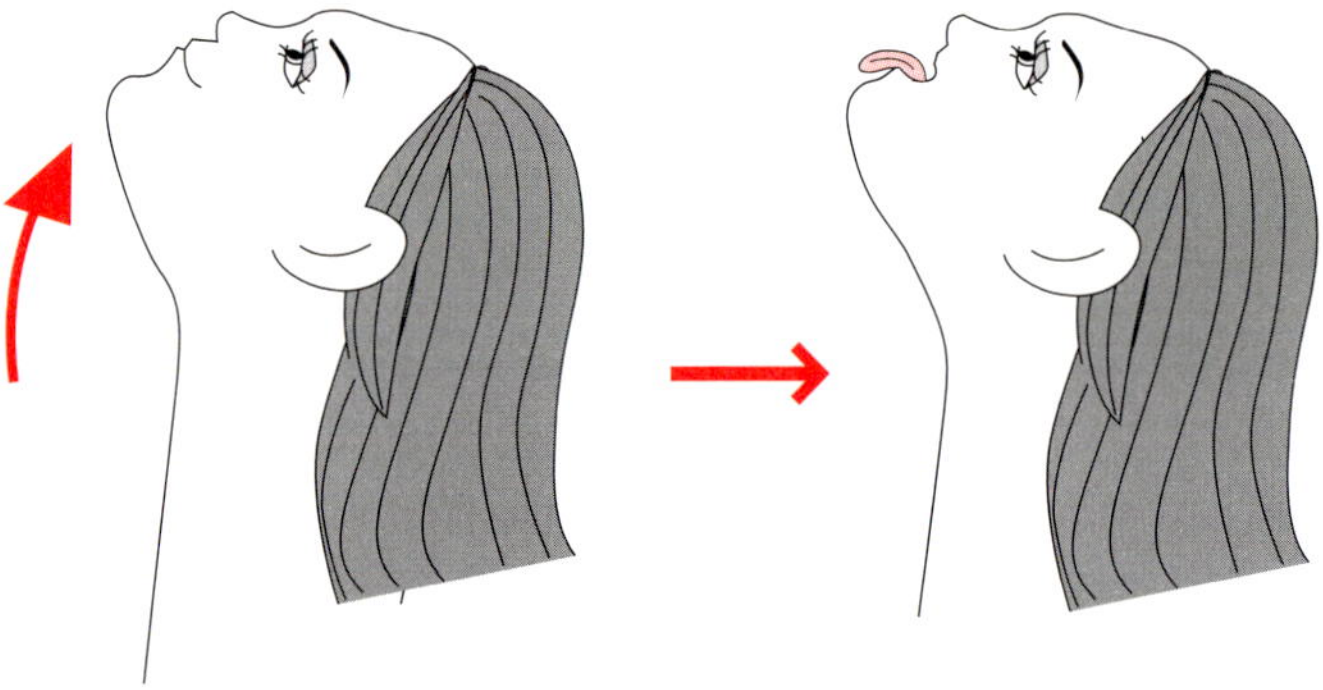

1

ネックラインのたるみ

ネッククリームを使ってお手入れを!

まずネッククリームをたっぷりと手にとって、耳たぶの後ろのくぼみ(耳《じ》下《か》腺《せん》)を中指で押します。次に右手で首の左側、左手で右側をつかむようにして交互にマッサージ。このときリンパの流れを意識して鎖骨に向かって老廃物を押し流す感覚で行います。

中指で
耳下腺を押しつつ
首をつかみます。

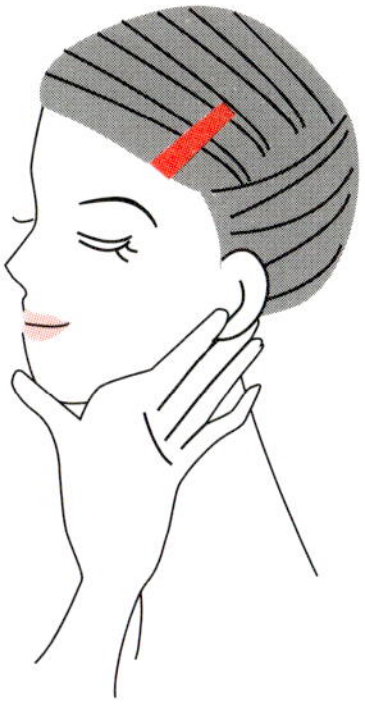

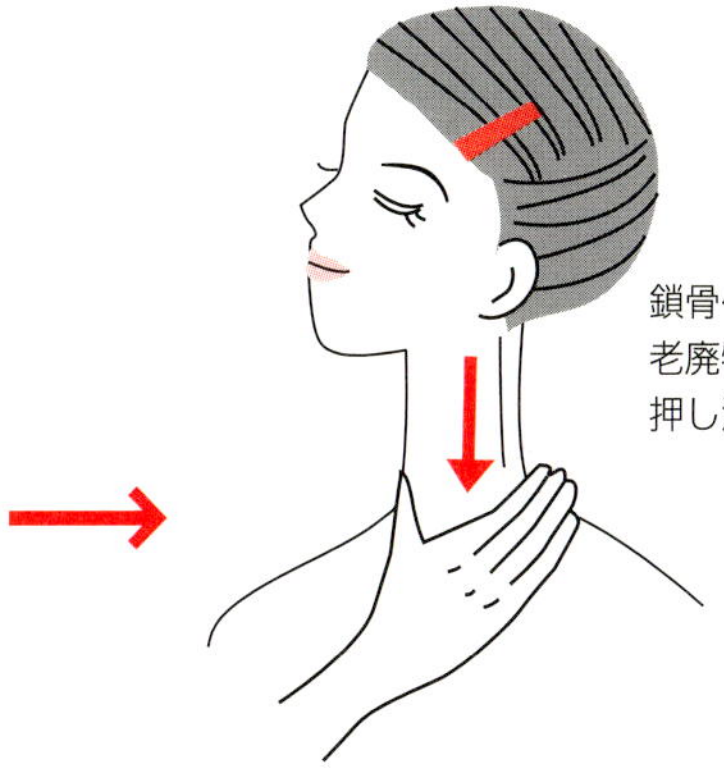

鎖骨へ向かって
老廃物を
押し流します。

2

頬のたるみ

パックとリフトアップを習慣化

頬のたるみには3ステップでケア。まずは手のひらで頬を包み込むようにして、ゆっくりと引き上げる「リフトアップ」を1日10回。そしてパックで引き締め。パックは即効性があります。最後は「アエイオウ」運動。普段使わない頬の筋肉を鍛えます。

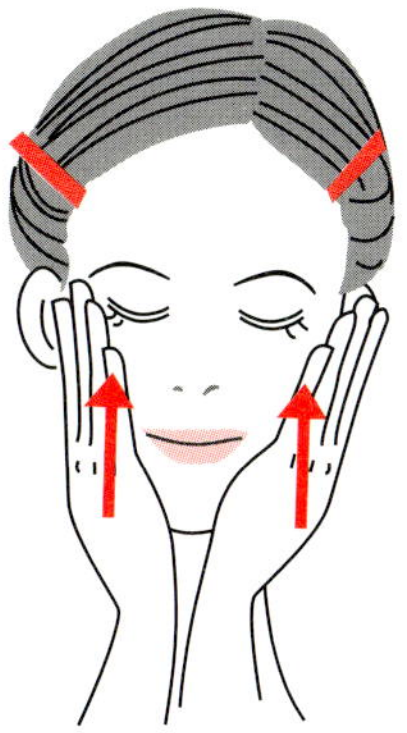

手のひらで
頬全体を包み
リフトアップ。

大きく口を開けて
「アエイオウ」
と発声しましょう。

3 口元のたるみ

指先でつまんでもみほぐす

口角のたるみは、親指と人さし指で口の端をつまんで引き上げます。また、口元のたるみによる唇の上の縦ジワは、人さし指、中指、薬指をそろえて全体をほぐします。さらに、顔の左右どちらがたるんでいるかを「ピエロスマイル」でチェックし、口角が下がって、深いシワが寄る側の歯で物を噛《か》むように意識しましょう。

口角を指先で
つまんで
引き上げます。

唇の上の縦ジワは
指の腹で押して
左右に引っ張ります。

口を閉じたまま左右に大きく
広げる「ピエロスマイル」で
たるみをチェック。

「アエイオウ」運動で
口のまわりの筋肉を
鍛えます。

美肌エクササイズ

❶ 唇は閉じ、口角を外側に引いていく
❷ 片方に顔をゆっくりと寄せていく
❸ 寄せた側の目をゆっくりと閉じる
❹ そのままの状態で5つ数える
❺ 元の状態にゆっくりと戻す
❻ 反対側も同じように行う

（❶〜❺）×3回

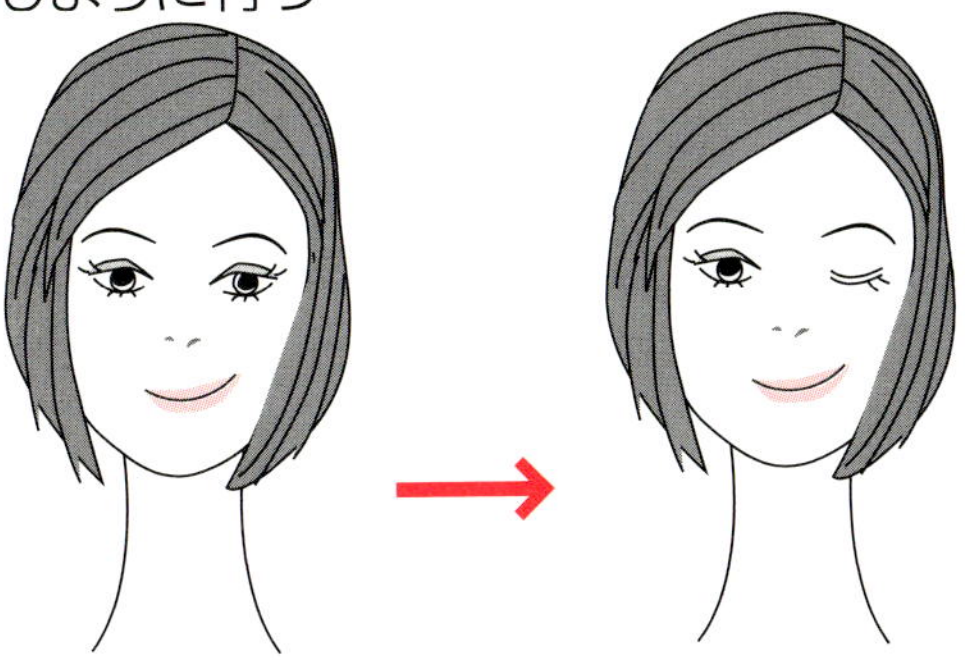

かさつき専科

赤ちゃんは体の90パーセントが水分だといいます。成人すれば70パーセント程度。水というのは人間にとって非常に大切なものです。おばあちゃんがシワシワになって小さくなるのは、まさに水分がなくなっていくからで、年齢を重ねるほど人は「乾燥肌」に近づいていくというわけです。

Tゾーンにある程度の皮脂があれば心配ありませんが、手で触れたときにパサパサとした感じがするときには要注意。こういうときは、保湿美容液やコクのあるクリームを使ってとにかく「保湿」を心がけてください。乾燥だけでなく小ジワも防ぐことができます。

また新陳代謝が悪くなると肌はうるおいをなくしますから、美肌エクササイズで代謝を促してあげましょう。

❶顔全体のかさつき
❷パーツのかさつき（目・鼻・口）
❸ボディのかさつき（手・肘《ひじ》・膝《ひざ》）

1 顔全体のかさつき

水分・油分のバランスを整える

クリームを塗るよりまず水分を与えて肌に通り道をつくり、そこに栄養分や油分を補給します。また洗い過ぎは肌に必要なうるおいまで奪い、かさつきの原因に。普段ダブル洗顔をしているという人は、ぜひ「クレンジング＋すすぎのみ」に変えてみてください。

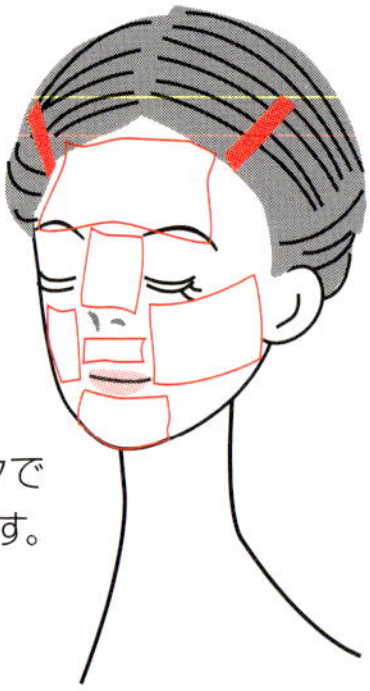

ローションパックで
肌表面を整えます。

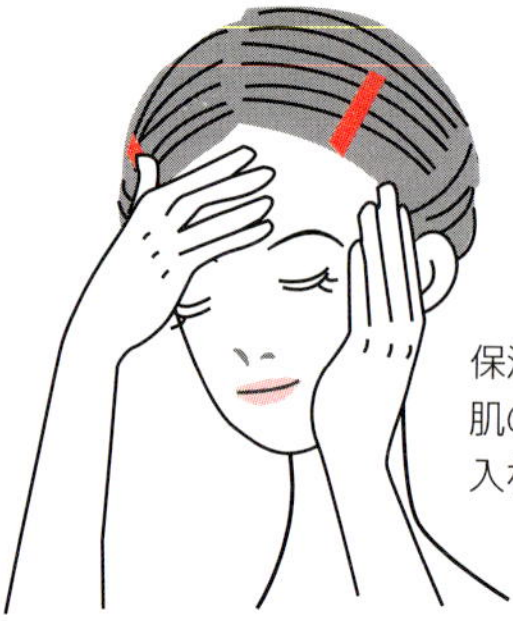

保湿美容液を
肌の奥にしっかり
入れ込みます。

2 パーツのかさつき

美容液中心のお手入れを!

目のまわりや頬など、とくにかさつきやすい部分には肌の内側からうるおいを与える、美容液中心のケアを。顔全体の水分と油分のバランスを整える、エッセンスタイプやジェルタイプの美容液がおすすめです。また、唇が乾燥するときにはハチミツでの保湿も効果的。

保湿美容液を
肌の奥にしっかり
入れ込みます。

荒れた唇に
ハチミツを塗ると
保湿力がアップ。

3 ボディのかさつき

一年中気をつけたいボディのケア

体も週に一度はスクラブ剤で洗って角質を取り除き、ボディクリームで保湿します。ハンドケアはスクラブ剤で洗ったあと、ハンドクリームを肘まで塗って、ラップを巻きます。肘や膝がかさつきやすい人は、浴槽《よくそう》にアロマオイルを垂らして肌を保湿するのもおすすめです。

体の角質も定期的に
しっかり落とします。

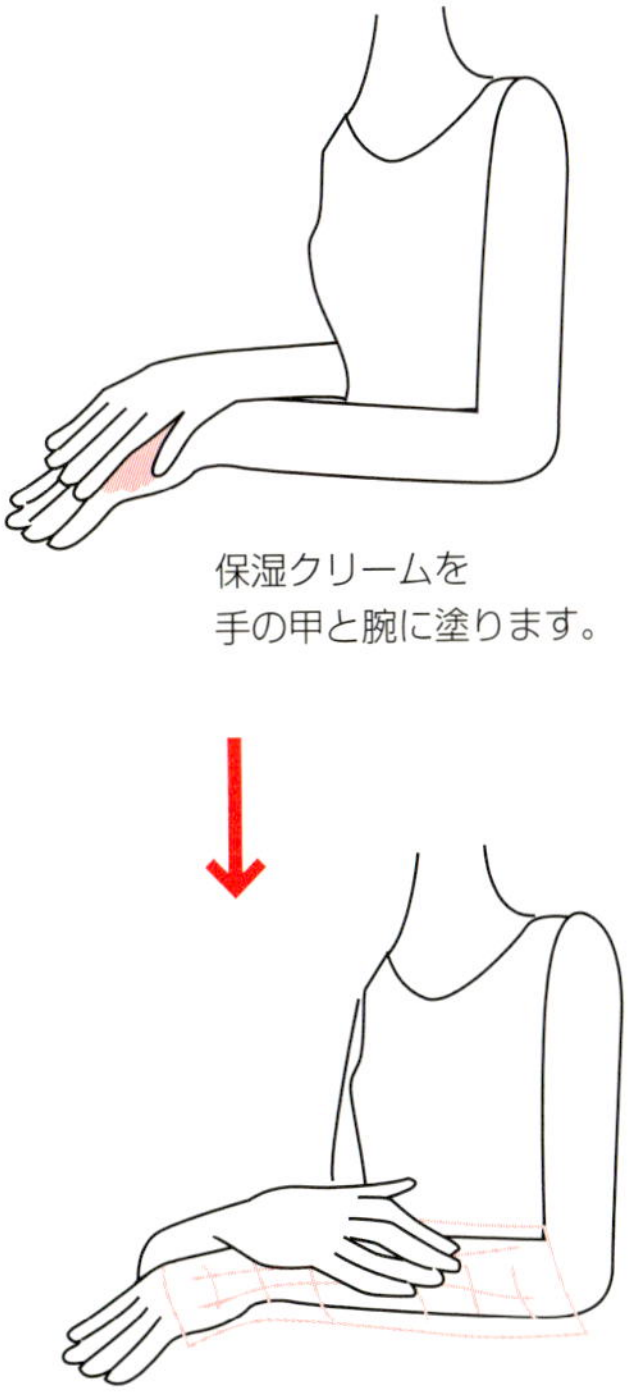

保湿クリームを
手の甲と腕に塗ります。

ラップで覆うと
しっとり感が増します。

アロマオイルを浴槽に
入れるのも効果的です。

オイリー専科

美肌エクササイズ

❶ 小鼻をゆっくりつり上げる
❷ 5つ数える
❸ ゆっくり元に戻す
❹ 鼻の下を下方いっぱいにゆっくりとのばす
❺ 5つ数える
❻ 元の表情に戻す

×3回

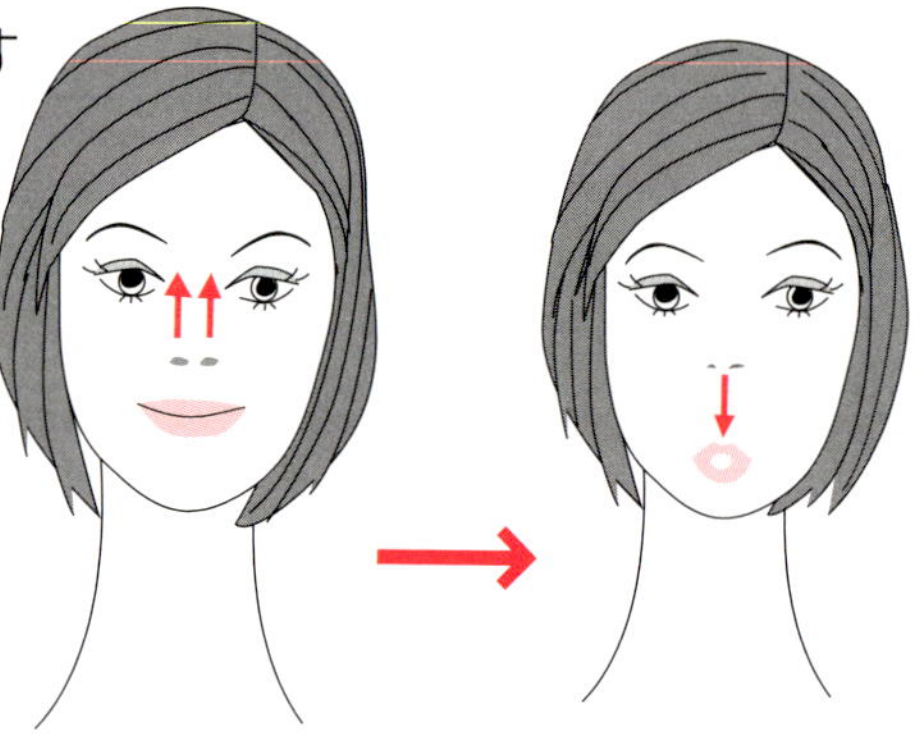

あなたがオイリースキンかどうかの簡単なテストです。洗顔のあと何もつけずに2～3時間おき、手のひらで顔全体に触れてみてください。このとき、手にベタッと皮脂がつくようであればオイリースキン。そうでなければ、皮脂に関しては気にする必要がないでしょう。

一般に皮脂の多い人は、皮脂を取ることばかりに熱中しますが、そうではなくて常に「水分と油分のバランス」を考えてください。水分が足りないから油分が多くなるのであり、「油分が増えたら水分を与える」という発想の転換を。

また、Tゾーンはギトギトなのに鼻の頭は皮がむけているという人は、部分的にローションパックをするなどの柔軟なケアが必要になります。

新陳代謝を促す美肌エクササイズも、水分・油分のコントロールに効果的です。

❶ Tゾーンの脂浮き
❷ 顔全体のベタつき

1 Tゾーンの脂浮き

Tゾーンに水分補給と角質ケアを!

額や鼻のまわり、あごなどは皮脂があって当たり前ですが、Tゾーンのギトギトが気になる人は、鼻だけでもローションパックをして、油分と水分のバランスを整えます。他の部分が正常なら、美白パックやスクラブ洗顔をTゾーンだけに行うなど、部分別のお手入れを。

脂浮きするところにローションパックをして肌のキメを整えます。

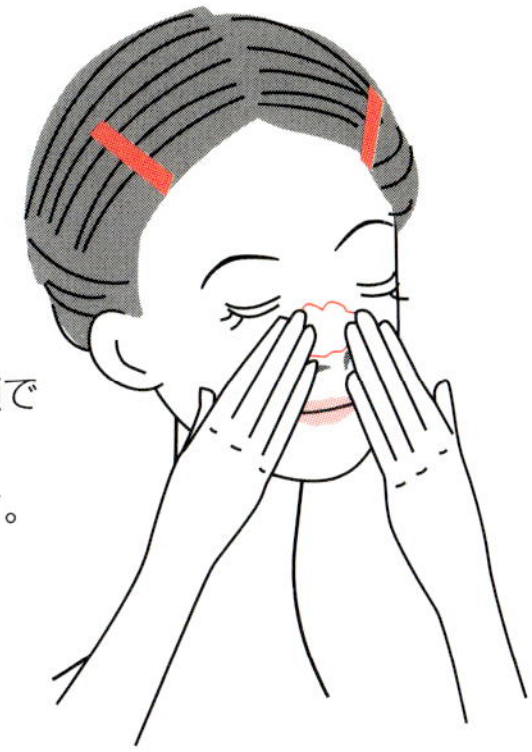

スクラブ洗顔で古い角質を取り除きます。

2 顔全体のベタつき

顔の洗い過ぎをやめて水分補給

ダブル洗顔は肌に必要な水分まで奪ってしまい、逆にギトギト感を生むことがあるのでおすすめしません。ベタつき対策には水分補給。水を飲むこととローションパックで体の内外からうるおいを与えれば、皮脂が治まり肌がふっくらとして、毛穴も目立たなくなります。

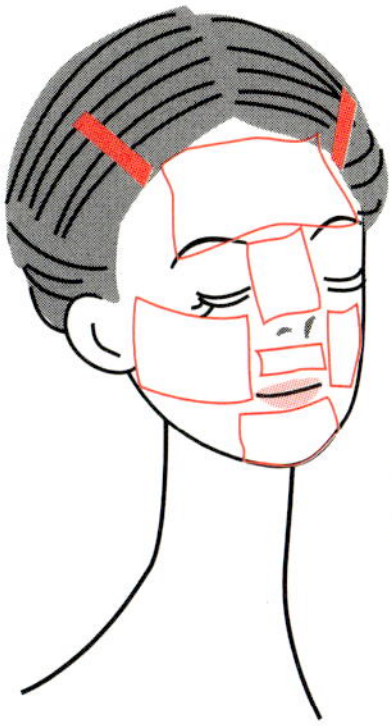

ローションパックで肌表面を整えます。

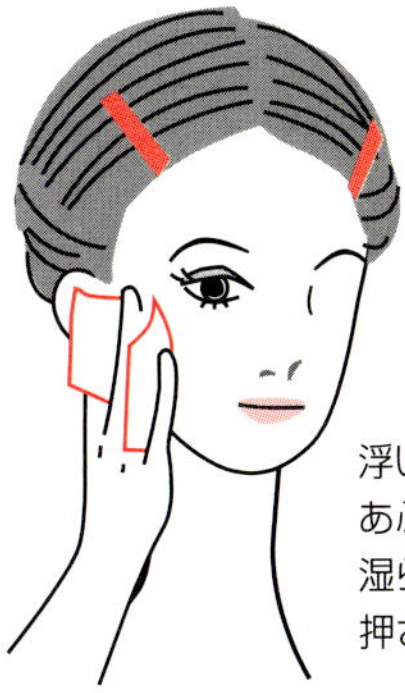

浮いた皮脂はあぶらとり紙でなく湿らせたコットンで押さえます。

ニキビ専科

ワーッと一斉《いっせい》に出てきて、さっと引いていく若いころのニキビと違って、大人のニキビは毎回決まった場所に出てきて、引き際が悪いのでやっかいです。無理に爪を立ててつぶすと跡が残って色素沈着のもとになるので、ケアは慎重に。生理前の吹き出物も同じ。できたものを早く取り去ろうとするよりも、新陳代謝を促して吹き出物を体の内側から押し出すつもりでお手入れします。

しかし何にも勝る特効薬といえば、つくらないようにすること。暴飲暴食《ぼういんぼうしょく》はもちろん、睡眠不足やストレス、不完全なクレンジングなどはすべてニキビや吹き出物の原因になります。これらをクリアするだけでも、肌はずいぶんと変わるはず。

また、ニキビ予防の一環として、毛穴につまった皮脂を出やすくする美肌エクササイズもぜひ取り入れてみてください。

❶大人のニキビ
❷生理前の吹き出物

美肌エクササイズ

❶ 顔を少し上向きにする
❷ 下唇を2秒ぐらいかけて突き出す
❸ さらに下唇を上に押し上げるように、意識しながら5つ数える（あごの先端にウメボシ様《よう》ができるように）
❹ ゆっくりと元の表情に戻す

×3回

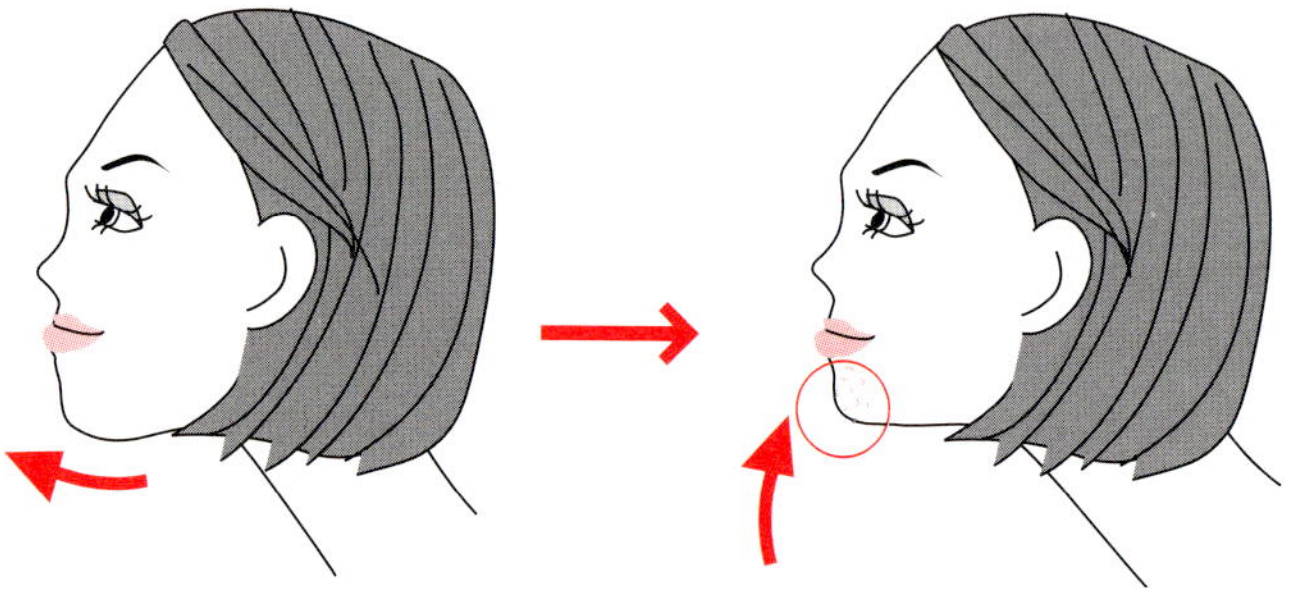

1 大人のニキビ

ツイスト&ピンチングで早めのケアを

ニキビができたら、アルコールを含む化粧水をコットンに含ませてその部分だけを殺菌し、芯《しん》がある場合にはツイスト&ピンチングですばやく芯を出す。さらにニキビ跡が色素沈着しないように、美白パックをしましょう。また、週に1回はスクラブ剤で角質ケアを。

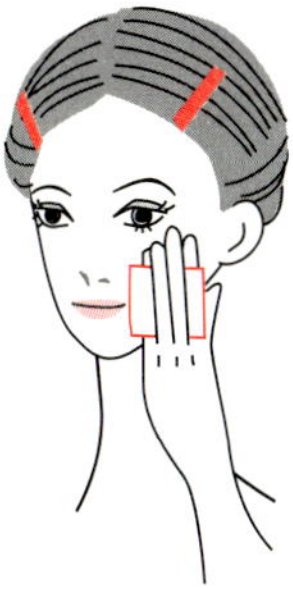

アルコールを含む
化粧水で雑菌を消毒。

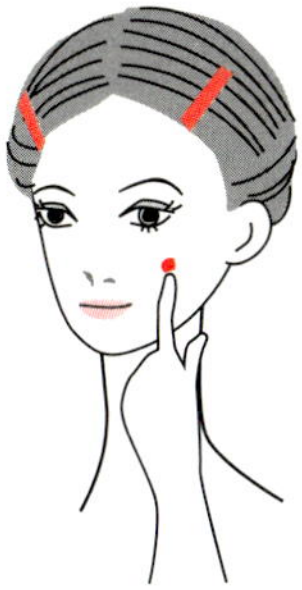

指先でニキビ周囲を
揺らすようにツイスト。

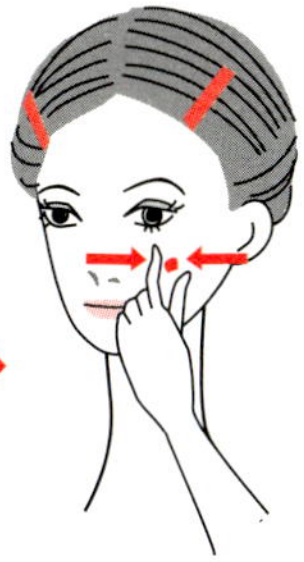

ニキビを囲むように
軽くピンチングします。

2 生理前の吹き出物

予測して、備えて、先手必勝

生理前になると女性の体は新陳代謝が悪く、毛穴がつまってニキビが出やすい状態になります。だから先手を打って、スクラブ洗顔や美白パックをして角質と毛穴のケアを。また、硬くなった皮膚をほぐしたり、リンパマッサージで老廃物を押し流すのも有効です。

スクラブ洗顔で
古い角質を落とします。

吹き出物が出やすい
箇所をマッサージ。

リンパマッサージで
老廃物を押し流します。

beauty column

5

ピンクが女性をきれいにする

色は女性の美しさを左右します。とくにピンクはもっとも女性をきれいにするといわれています。ですから私のサロンではタオルやガウンなど、すべてを優しいピンク色で統一しています。

ふだん家事やお勤めで忙しい方ほど、心も肌も枯れていることになかなか気づかないものです。どうぞ、好きな色をお部屋に取り入れて、気持ちをうるおわせてあげてください。心がうるおえば、肌も必ず元気になるものです。

そして、色とともに目を向けていただきたいのが香りです。甘美な花の香りを嗅《か》いだときのうっとりとした表情。これこそ、美の妙薬といえるでしょう。

人は、リラックスしたときや陶酔《とうすい》したときに「アルファ波」を出します。アルファ波は人間の自然治癒力《しぜんちゆりょく》を高めてくれる。だから心身の健康にとって、非常にプラスになるのです。もちろん肌にも。

かたや、体に力が入っていたりストレスが溜《た》まると、自然治癒力は後退します。つまり病気になったり、肌が荒れたりしやすい。

現代はスピード社会ですから、ともするとアルファ波を十分に出さないまま、一日が終わってしまうなんてことも。最近では携帯できるアロマ製品などもあります。意識的に生活の中に心身を解《と》き放つ時間をつくってください。

第5章 「ここ一番！」の緊急ケア

「『久しぶりに友人に会う』
『急にデートの誘いを受けた』
『明日は大切な面接』
—— 慌《あわ》てず、騒《さわ》がず。
即効く緊急ケアを
こっそりお教えします」

3分間で勝負肌！「ローションパック」

障子紙《しょうじがみ》の表面に霧吹《きりふ》きで水を吹きかけると、水分は紙の上ですぐに蒸発し、その表面はパリパリになってしまいます。ところが、濡《ぬ》らしたタオルを紙の上にのせると、少しずつ紙は水を吸って、しっとりとするはずです。厚さ約0.2ミリといわれる表皮《ひょうひ》も、これと同じ原理。つまり、化粧水の成分をきちんと肌に浸透させるには、瞬時に吹きかけるのではなく、コットンを使ってある程度の時間をかけてなじませるのがベストなのです。

この「ローションパック」の素晴しい点は、まずカンタンであるということ。①コットンを水で湿らせ、②その上に化粧水を500円硬貨大を目安に垂《た》らし、③3分間、顔にのせる。たったそれだけ。コットンと水、化粧水さえあれば、わずか3分でできるパックです。

このときおすすめしたいのが、薬局で売っている「カット綿」を使うこと。長さ14センチ、幅7センチ、厚さ5ミリくらいにカットされた脱脂綿で、私はこれをさらに2つに切って使っています。

水で濡らすことによって繊維の毛羽立《けばだ》ちがなくなり肌負担が減ります。また、化粧水の使用料が少なくてすむので経済的。でも決して化粧水が薄まるわけではないので、ご安心を。そして肌を鎮静《ちんせい》させ、水分を含ませることでキメが整うので、お肌は瞬時にプリプリになるのです。だから私は、「ローションパック」は美容液に匹敵《ひってき》する」と太鼓判を押しています。

ローションパック

❶ カット綿を水で濡らして軽く絞り、500円硬貨大の量の化粧水を垂らして全体になじませます。

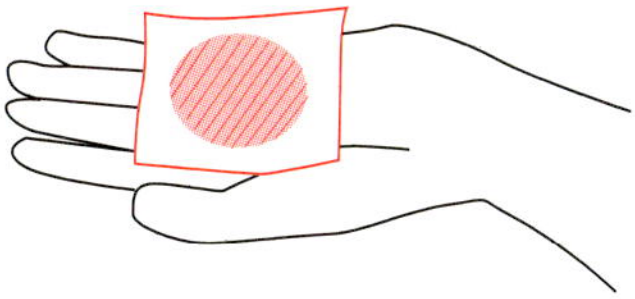

❷ 1枚のカット綿を3～5枚に薄く割《さ》きます。繊維の目には割きやすい方向があるので、それに沿って割きます。

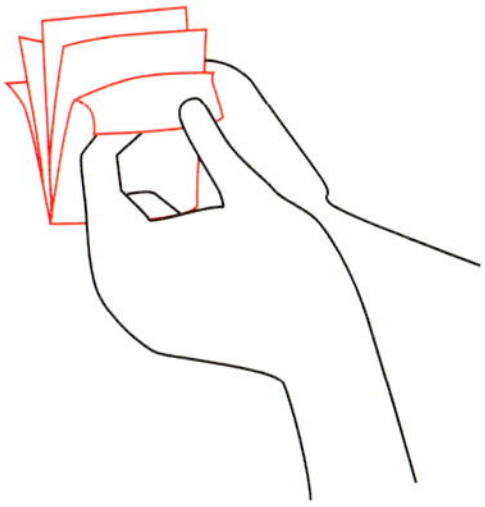

❸ カット綿は引っ張ればのびるので、頬や額などの広い面にも対応。そのまま3分間おきます。

❹ 額、両頬、鼻、あごの5ヵ所にのせます。3分以上そのままにしておくと水分が蒸発するので、時間厳守。

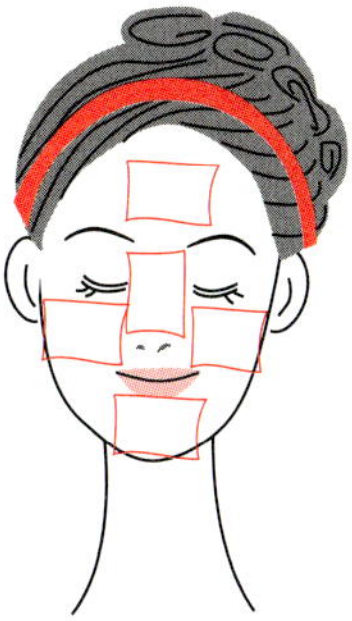

カンタン！「ラップエステ」で赤ちゃん肌

お風呂上がりに指先を見ると、ふやけて白っぽくなっていることがありますね。また、高野《こうや》豆腐《どうふ》もお湯に入れると膨《ふく》らんで白くなる。このように「白さがアップ」するのはなぜでしょう？

それは「水のチカラ」なのです。

つまり、水のチカラを借りれば、肌の透明感を高めることができるということです。

まずはローションパック（82ページ参照）。これだけでも、かなり肌はプルプルになりますが、さらにその上から鼻と口の部分を開けてラップを被《かぶ》せます。これでラップと肌の間に体温がこもって天然のスチーム状態となり、肌はたっぷりと水分を含むのです。お風呂の中で行えば、さらに効果てきめん。入浴中ならラップエステだけでもプルプル感は得られます。

ただし、そのまま寝てしまっては、せっかく含んだ水分が、睡眠中にどんどん蒸発してしまいます。水分を吸った高野豆腐は味も染み込みやすいように、ここで肌の栄養分、美容液を入れ込みます。最後は水分、栄養分を閉じ込める乳液やクリームでフタをします。

なお、このラップエステは顔だけではなく手や肘《ひじ》などにも応用できます。ハンドクリームを塗った手にラップを巻きつけて5分おきます。

また手の甲に現れる老斑《ろうはん》（老人性色素斑）も、美白パックを塗った上からラップで覆《おお》い10～15分間おきます。ラップを外した瞬間に、肌が一段明るくなっていることに気づくはずです。

ラップエステ

A ラップを2枚。下のラップは浮かせて呼吸できるように。

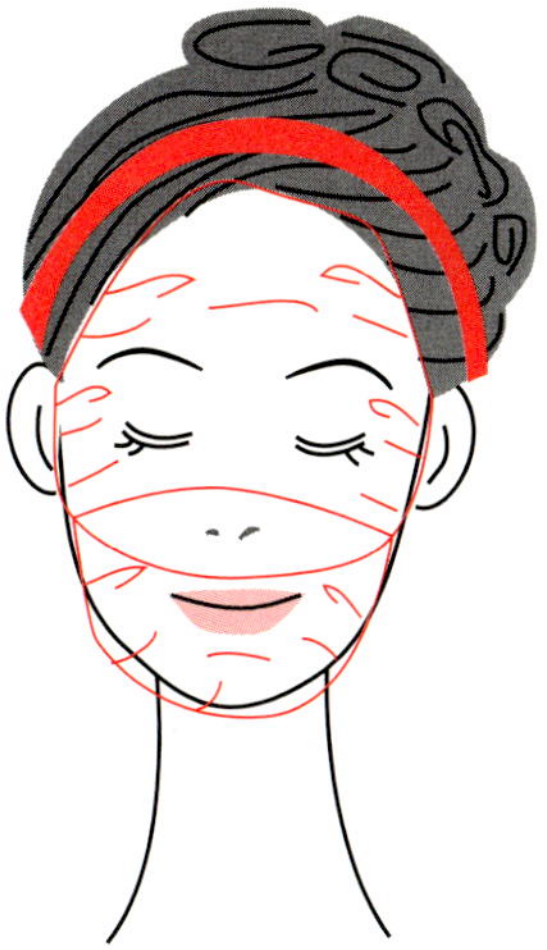

B ラップを1枚用意し、切り込みを入れて口と鼻を出します。

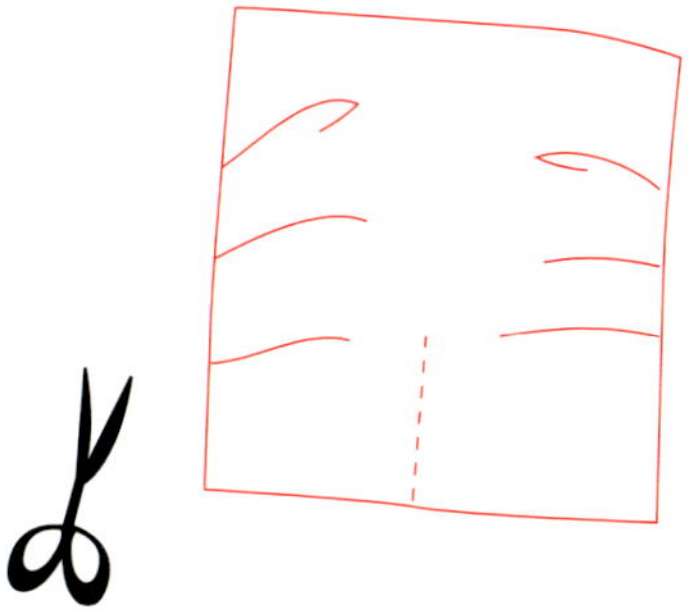

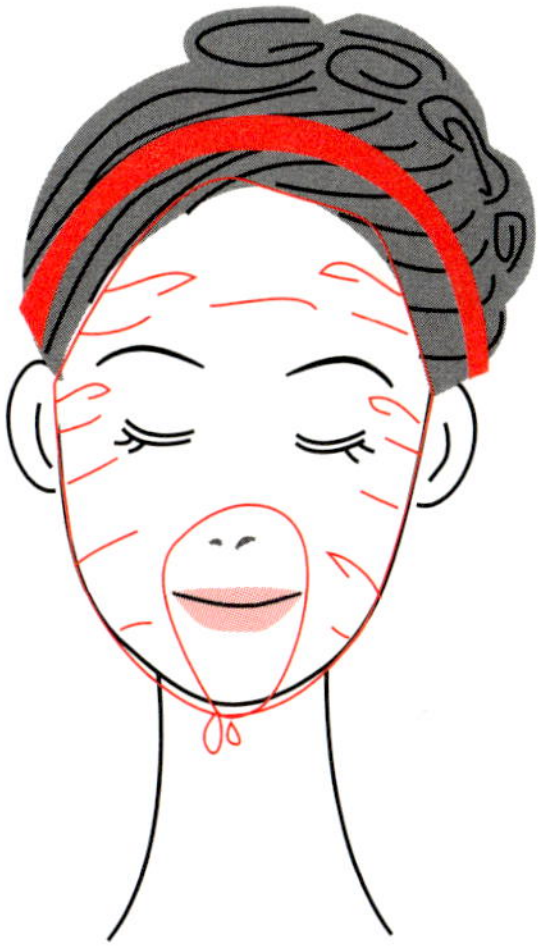

肌活力を取り戻す「ウォーターマッサージ」

日々、腹筋や二の腕を鍛《きた》えている人が、年齢を重ねてもシェイプされたボディラインを保っているように、顔の「筋トレ」もきちんとやれば、たるみを防ぐことができるのです。

ただし、ときどきテレビで見る「顔の体操」のように、無理に不自然な表情をつくるのは苦痛ですし、シワの原因にもなるので私はあまりおすすめしません。それよりも、なるべく肌に負担をかけない方法で筋肉に働きかけるのが理想だと思っています。

そういう意味では、前章でご紹介した美肌エクササイズや、表皮に負担をかけずに水の力を借りる「ウォーターマッサージ」がおすすめです。

方法は、100円ショップや日用雑貨店で売っている、ノズル付きのスプレーもしくは鶴頸《つるくび》スポイトに、薬局などで安く買える精製水を入れ、顔の筋肉の流れに沿って、満遍《まんべん》なく水をかけるだけ。マッサージにはある程度の力が必要ですから、少し顔から離して、刺激を感じる程度の強さで行ってください。

これは私のサロンでも「シロダーラ」というメニューで行っているもので、肌をすぐに活性化してくれます。

また、毛穴の開きが気になる方がこのウォータースプレーをすると、表皮が水分を含んでふっくらとするので、毛穴が目立たなくなるという効果もあります。

ウォーターマッサージ

顔の筋肉、「表情筋」の流れに沿ってスプレーすることが大切です。基本の流れは、「外から内」「下から上」へ筋肉を動かすつもりで。順番は、〈額→右目のまわり→右頬→口のまわり→左頬→左目のまわり→鼻筋〉を繰り返します。

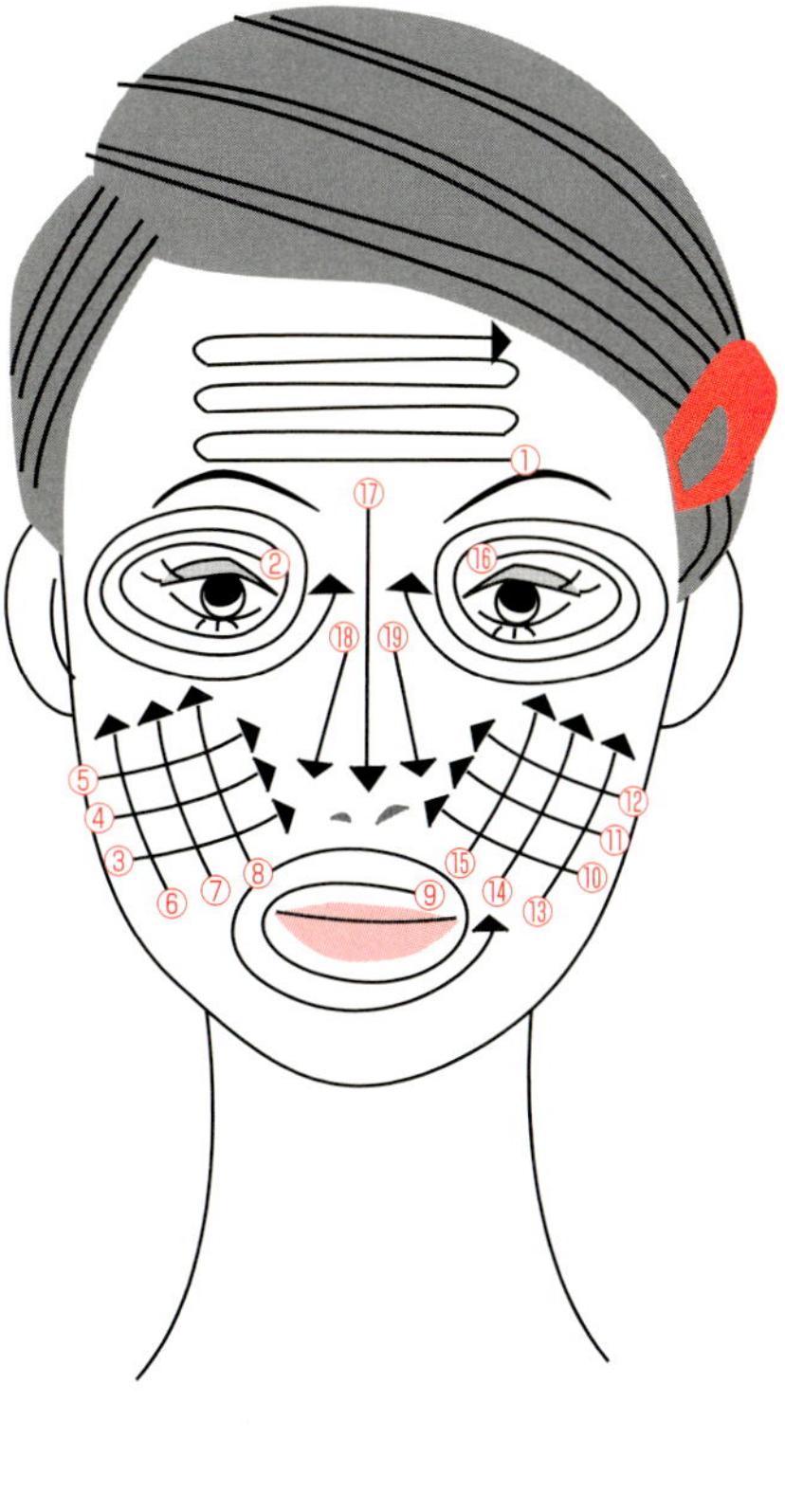

一晩で肌が10歳若返る、佐伯式「ゴールデン・エステ」

友達の結婚式やデート、同窓会など特別なことがある日は、前の晩から肌の状態を整えておきましょう。当日、鏡に向かってから「肌がボロボロ」ではあとの祭り。「エステに行けない」と悩んでいる人でも、ちょっとした手間をかければエステに匹敵する効果が得られます。

1 まず、ローションパック（82ページ参照）で肌表面を整えます。

2 ローションパックの上から、口と鼻の部分を開けたラップを被せます（84ページ参照）。スチーム効果で肌はさらにうるおいます。入浴中、湯船に浸《つ》かりながら行うのが一番効果があります。

3 ハリ・艶《つや》・弾力を取り戻すマッサージ・クリームを使ってマッサージ。そのときリンパの流れを意識して、老廃物を押し流しながら、むくみを取り除きます。

4 蒸しタオルで約5分間、顔を覆います。目安はタオルが冷たくなるまで。これによって毛穴が開き、次にくる水分・栄養分が肌に浸透しやすくなります。蒸しタオルは、お湯で濡らして絞ったタオルを、レンジで約30秒温めれば完成。やけどをしないように注意!

5 ウォータースプレー（86ページ参照）をして肌を活性化させます。

6 美容液を肌の深部まで届くように入れ込みます。

7 乳液ではなくクリームでしっかりと肌表面にフタをして、深部に入れ込んだ水分と栄養分を閉じ込めます。

8 翌朝、メイクの前に冷たいタオルを顔に当てて、毛穴を引き締めます。化粧のノリがよくなり、一日中、化粧直しがいりません。

お疲れ肌を救う朝の「美肌の裏ワザ」

ストレスや睡眠不足、生理前、一日中外出をしていた翌朝など、鏡を見てガッカリするほど、肌のコンディションが悪いという日が誰しもあるはずです。そんなときは、人前に出ることすら億劫《おっくう》になりますが、気持ちを切り替えて、短時間で肌が復活する裏ワザを実践しましょう。

1 まず、ローションパック（**82ページ参照**）で肌表面を整えます。

2 冷たいタオルで肌を覆い、毛穴を引き締めます。タオルは、水で濡らして絞ったものでも構いませんが、いざというときのために、湿らせたハンドタオルを2〜3本、冷蔵庫に常備しておくのも賢《かしこ》い方法です。

3 美白または引き締めパックを3分間。パックは夜、と思いがちですが、パックには即効性があるので、朝に行うのもおすすめです。確実に肌が一段明るくなるのがわかるはずです。

4 美容液をたっぷりとつけます。

5 トリートメント・クリームでフタをします。

6 下地クリームをつけます。

7 ファンデーションは、マット・タイプではなく、必ず艶《つや》ありのリキッド・タイプを使いましょう。肌の状態がよくないときにはパウダリー・タイプではなく、肌への密着度の高いリキッド・タイプを使うのが鉄則です。また、顔色が悪ければ色はピンク系のものを多めにつけましょう。指で毛穴に入れ込むようにつければ、化粧くずれを防ぐとともに、指圧効果で血色もよくなり一石二鳥です。

ハチミツとリンパマッサージでうるうる唇

唇がヒビ割れたり、皮がむけてしまったり。そんなときには、どんな口紅だって映えないし、なんとなくメイクをするのも嫌になってしまいます。

暴飲暴食《ぼういんぼうしょく》で胃の粘膜《ねんまく》が荒れている、ビタミンEが不足している、辛《から》いものを食べ過ぎた、太陽に長時間当たった、乾燥した場所にいた、などの原因で唇が荒れることがあります。

そこで、私がおすすめするのがハチミツ。唇が荒れたらハチミツをつけるというのは昔から言われてきたことで、ハチミツの成分を使ったリップケア製品もつくられているようです。

何といってもハチミツは天然の湿潤剤《しつじゅんざい》なので、舐《な》めても安心ですし、健康食品としても注目されています。ぜひキッチンに常備し、「ハチミツ・パック」を実践してみてください。

まず、ハチミツを唇にたっぷりと塗ります。その上に、唇を覆うぐらいに切ったラップを被せます。5分もすると、唇がしっとりしてきます。

また、あわせて実践していただきたいのが、唇のリンパマッサージ。親指の腹であごの先かからゆっくりと耳の裏に向かって、顔の輪郭に沿ってリンパを意識しながらマッサージをします。そうすると、くすんでいた唇もほんのりとピンク色になってきます。

私は毎朝メイクをするとき、口紅をつける前に必ず唇のリンパマッサージをします。唇が本来もっている自然なバラ色が、口紅の色を引き立たせてくれます。

ハチミツパック

❶ ハチミツを唇にたっぷりと塗り込みます。

❷ その上にカットしたラップを被せ、唇を覆います。

リンパマッサージ

❶ 親指の腹であごから耳へ向かってリンパ腺を押します。

❷ 耳下腺《じかせん》を押さえて老廃物を押し出します。

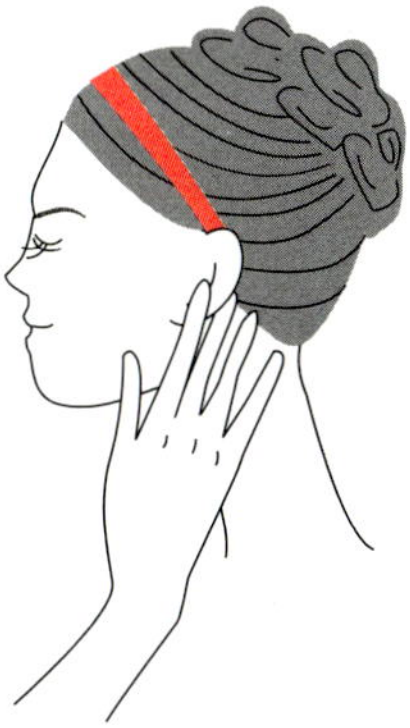

アフター5の美女メイク術

アフター5に大切な約束があるという日。本来ならば勝負メイクで挑《いど》みたいのに、昼間の紫外線や室内の空調などで、肌はすっかりボロボロ。仕事を終えたあとに、クレンジングでメイクを落として一からメイクをやり直すわけにもいかないし……。

そんなときの必勝メイクをお教えします。ただし、これは「リキッド・ファンデーション派」限定。「パウダリー・ファンデーション派」の方には、残念ながらおすすめできません。

このメイクの究極のポイントは、最後に白粉《おしろい》をつけないことです。

白粉はリキッド・ファンデーションを落ち着かせるものですから、上から押さえるとややマット（艶消し）な仕上がりになります。ところがリキッド・ファンデーションだけの状態だと、茹《ゆ》で卵のような艶出し状態になります。この「艶っぽさ」こそ、女性をきれいに見せるのですから、夜のメイクには白粉を省《はぶ》いてしまうのもいいと思うのです。

パウダリー・ファンデーション派の人は、リキッド・ファンデーションを上から重ねづけしてしまったら肌がムラだらけになるので、このワザは使えません。

さらに艶っぽさをアップさせたいなら、唇にはグロス、マニキュアは光沢のあるものを。肌だけでなく、ポイントにも艶をもたせれば、さらにうるおいのあるメイクに仕上がります。

つまりアフター5に「マットな艶消しメイクはご法度《はっと》！」と覚えてください。

アフター5の美女メイク

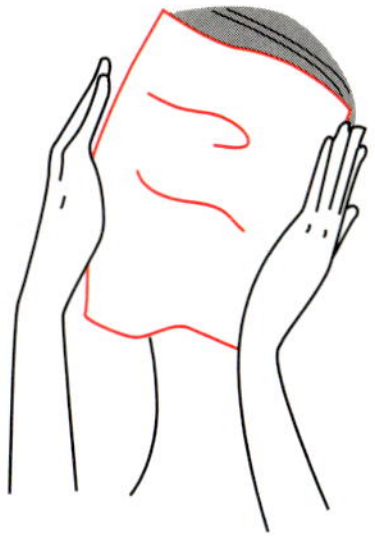

1 メイクをした顔の上に、ホットタオルをのせます。職場やデパートのトイレなどでお湯が出れば、やや熱めのお湯で濡らして絞ります。これによって毛穴をリラックスさせ、肌についた皮脂や汚れを大まかに取ることができます。

2 次に水で絞った冷たいタオルで肌を鎮静。これによって開いた毛穴を引き締め、肌表面を整えます。

3 乳液をたっぷりと塗り込みます。

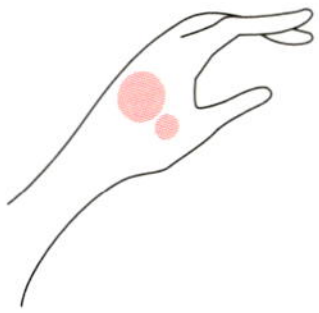

4 リキッド・ファンデーションはオークル系とピンク系を混ぜて使います。混ぜる割合は暖かい日や体温が高い日はオークル2＋ピンク1、体温が低く血色が悪い日はオークル1＋ピンク2を目安に。

5 指先を使って、毛穴にファンデーションを入れ込むようにつけましょう。

6 唇をすぼめたときに出る頬のラインに沿って、できれば練り状の頬紅をつけましょう。

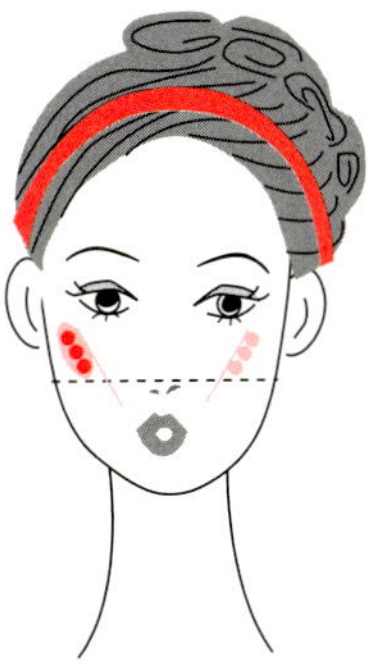

「ユニの6B鉛筆」でモデル風ナチュラル眉

鉛筆で眉毛を描く。これは、昔からよくプロのメイクさんが実践していたことです。口コミで広がり、「エボニー」という画材用の鉛筆が眉用のペンシルとしても使えると有名になりましたが、私は三菱《みつびし》uni《ユニ》の6Bが気に入っていて、ときどき使っています。

まず、鉛筆は化粧品メーカーのアイブロウ・ペンシルと比較して芯《しん》が硬いので、1本1本、眉毛を描き足すのにちょうどいいのです。また、六角形だから持ちやすく、ベッタリとつかないからとてもナチュラル。さらに初心者にも失敗が少ないなど、利点はたくさんあります。

また値段が安いということもあって、賢い主婦の間でも愛用者は多いようです。

私の場合、それに加えてこんな「ひと工夫」をしています。

uniの鉛筆で眉毛を描いたあとに、メイク用の眉墨《まゆずみ》で少し書き足します。鉛筆のグレーがかったところにブラウン系の色をさせば、ぐっと立体感が増すのです。

また、マスカラを少し手にとって眉ブラシの先につけ、眉毛をとかすようにして薄くつけると、さらにプロっぽい仕上がりになります。

なお、私はこの鉛筆を眉毛だけではなく、アイラインとしても使います。

ただし、よく耳にするのがもとは鉛筆なだけに、「長過ぎてポーチに入らない」という悩み。

私の場合、携帯用のものはあらかじめ半分に折って、キャップをつけています。

「ユニの6B鉛筆」でナチュラル眉

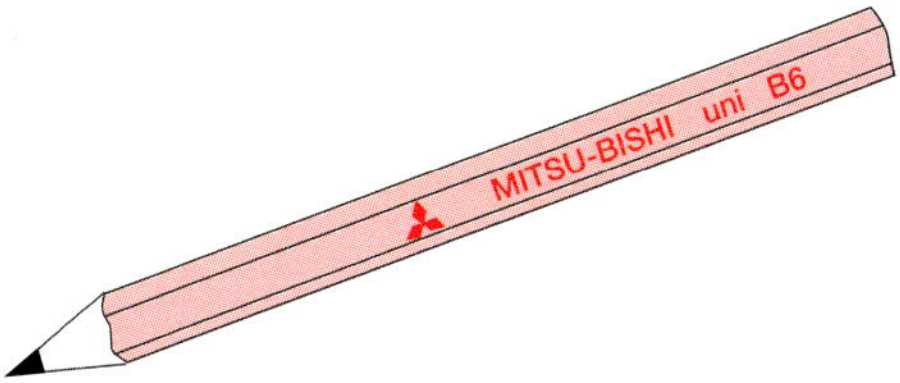

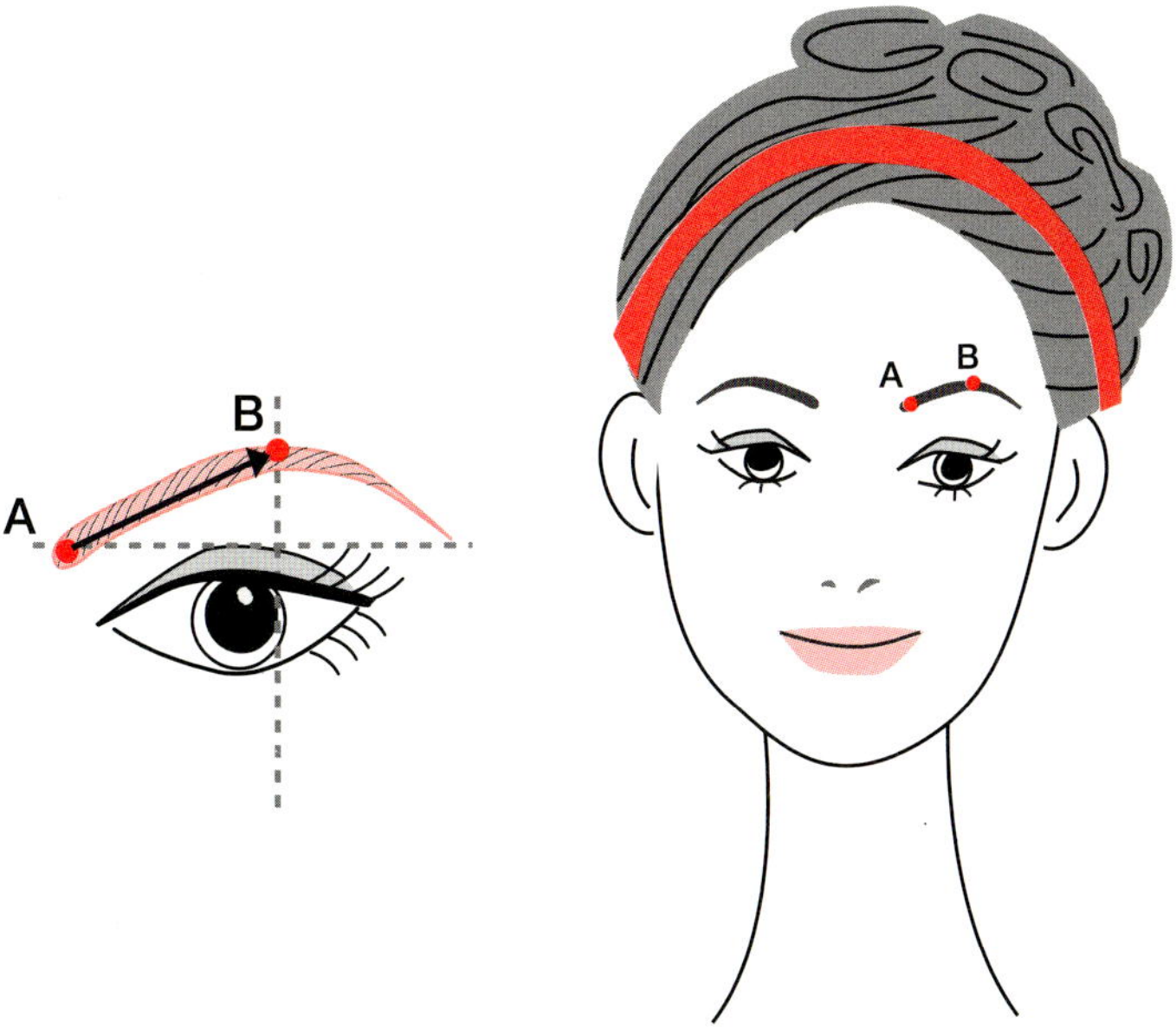

きれいな眉の描き方。まずは、眉毛の起点Aと眉山Bを一気に結びます。そして目尻に向かって緩《ゆる》やかに流します。

食後に差がつく落ちないリップメイク

いくらきれいな洋服を着ていても、いくら完璧にメイクをしていても、食事をしたあと、唇の縁《ふち》の部分だけに口紅が残っていては、百年の恋も冷めるというもの。かといって、市販の「落ちない口紅」の類《たぐい》は艶がなく、クレンジングのときにも必要以上の負担が唇にかかります。

では、どうすれば縁取りだけのリップメイクを防げるか。実は手持ちの口紅で落ちない工夫をすることができるのです。

私が考案したアイデアは「リップライナー＋口紅＋グロス」という「3段重ねづけ」です。

一見、つけ過ぎのように感じるかもしれませんが、要はリップライナーを輪郭だけではなく唇全体に塗っただけ。こうすれば、グロスや口紅が多少落ちても、落ちる心配の少ないリップライナーが「安全パイ」としてしっかりと最後までついていてくれます。これで「縁取りだけの口紅」から解放され、食事も安心していただけるというわけです。

最近は、電車の中で人目を憚《はばか》らず平気でメイクをする女性がいます。人前でメイクをしたり、口紅を塗り直す行為ほど見苦しいものはないと私は思います。

ですから、食事をいただく前にはあらかじめ口紅を拭き取るか、あるいはこのようにリップライナーを利用して備える。食後までを見越して、唇を華やかに保ちながら美味《おい》しくお料理をいただける人こそが、真のレディだといえるのではないでしょうか。

落ちないリップメイク

1 リップライナーで唇全体を
塗りつぶします。

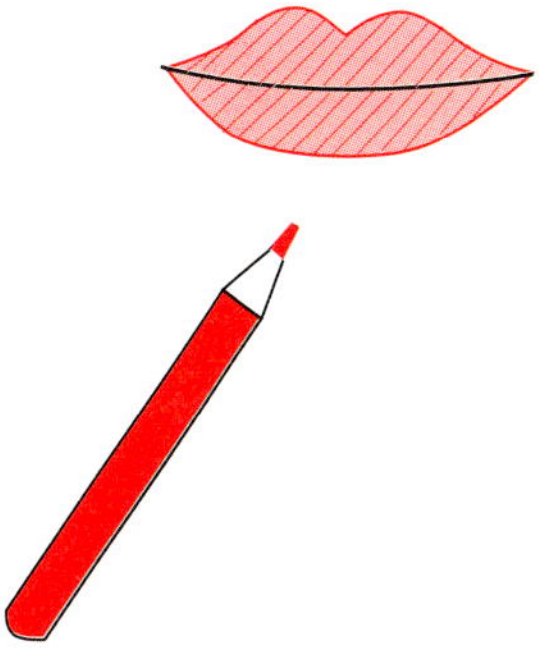

2 その上から普段どおり、口
紅を全体に塗ります。

3 グロスを膨らんだ部分に
塗り、立体感を出します。

beauty column

6

だからセルフ・エステって素晴しい！

今、街に出れば、あらゆるエステサロンの看板を目にします。

私の経験から言わせていただくと、繰り返し通いたくなるエステサロン探しというのはとても難しいと思います。軽い気持ちで入ったら、チケット制で莫大《ばくだい》な金額を請求されたり、そこで扱っている化粧品を買わされたり。意外とトラブルは多いものです。

また、エステティシャンとの相性もあります。へんに気を遣って逆に疲れてしまったり、「どうも何かが違う」と感じてしまったり。そんなことに頭を悩ませているなら、自分で美しくなる方法を身につけることのほうが、どれだけ有意義なことか！

冷静に考えてみると、どんなに経験を積んだエステティシャンよりも、自分の肌を一番よく知っているのは自分自身。言い換えるなら、自分こそが、自分にとって最高のエステティシャンになりうる素質を備えているということです。

自宅なら余計なお金を使うこともありませんし、お風呂に入って好きな音楽でも流しながらお手入れすれば、身も心も解放され、これほど理想的な空間はありません。

今日からは「あなたがあなたのエステティシャン」。愛情を与えた分だけ、肌はきちんと目に見える形で応《こた》えてくれます。

付録 佐伯式 肌診断

自分の肌のこと、
どのくらい
わかっていますか?

性格や顔の造作が
ひとりひとり違うように、
お肌の性質も異なります。
美肌の第一歩は
何といっても自分の肌を
よく知るということ。
私が長年、女性の肌を見て、触れて、
聞いてきたことをもとにつくった
お肌チェックのポイントを
ここで紹介します。

1 基本の肌診断

あなたはドライ? ノーマル? オイリー?

該当するものに○をつけ、その合計点で診断します

	はい	少し	いいえ
*肌の脂っぽさが気になる	3	2	1
*鼻の頭が光っている	3	2	1
*かさつく箇所がある	1	2	3
*肌のキメが粗《あら》い	3	2	1
*ニキビができている	3	2	1
*しっとり感がある	2	3	1
*小ジワが目立つ	1	2	3
*肌がくすんでいる	3	2	1
*化粧くずれしやすい	3	2	1
*かぶれやすい	1	2	3

●合計点が15点以下なら

あなたの肌はドライタイプ

汗や皮脂の分泌が少なく、うるおいが足りません。そのために、肌荒れや小ジワができやすいのです。乾燥を防いで、年間を通じて保湿を心がけてください。さっぱりケアを好みがちな夏でも保湿を。秋、冬のお肌がきっと変わります。

●合計点が16〜20点なら

あなたの肌はノーマルタイプ

新陳代謝も活発で、理想的なお肌といえます。ただし、季節による影響を受けやすいという難点があります。とくに季節の変わり目には注意が必要です。「夏こそ保湿」「冬こそ角質ケア」をキーワードに、スキンケアをしてみてください。

●合計点が21点以上なら

あなたの肌はオイリータイプ

皮脂分泌が多いため、ニキビや吹き出物ができやすく、化粧くずれもしやすいお肌です。スクラブ洗顔で古い角質を取りましょう。ただし、洗いすぎには要注意。また肌に水分を与えると皮脂とのバランスがとれ、皮脂分泌が治まります。

2 トラブル別 肌診断

あなたは春夏肌? 秋冬肌?

該当する肌トラブルに✓をつけ、その✓の数の多いほうがあなたの肌質です

春夏肌

- □ 額、小鼻、あごなどの毛穴が目立つ
- □ 化粧くずれしやすい
- □ 肌がテカりやすい
- □ ニキビや吹き出物ができやすい
- □ 肌のキメが粗い
- □ 目元や口のまわりに深いシワがある
- □ Tゾーンがいつも脂っぽい
- □ オイリーなのに皮がむける
- □ 不規則なシワがある
- □ 透明感やみずみずしさがない

秋冬肌

- □ 皮膚が硬く、パサパサしている
- □ 化粧のノリが悪く浮いて見える
- □ 目元に細かいシワがある
- □ 皮膚が薄い
- □ 色は白いほうである
- □ しっとりとしたやわらかさがない
- □ 肌に弾力がない
- □ あごのあたりがざらつく
- □ 頬が赤紫っぽい
- □ 夏の終わりごろから肌が乾燥する

春夏肌のケアと化粧品選び

肌の水分が足りないために、皮脂分泌が多い肌質です。とくに春と夏にトラブルが起こりやすいタイプです。ついつい洗顔し過ぎたり、皮脂を取り除くことばかりにお手入れが集中しがちですが、逆に洗い過ぎはお肌から水分を奪ってしまい、肌は必要以上に皮脂を分泌。水分と油分のバランスをとることを最大のテーマにしてスキンケアをしましょう。

春の朝

❶洗顔……ゼリータイプ

❷化粧水……ホワイトニング・ローション

❸美容液……ビタミンC入り美容液

❹乳液/クリーム……UVカット入り乳液

春の夜

❶クレンジング……ミルクタイプ

❷化粧水……ホワイトニング・ローション

❸美容液……ビタミンA入り乳液タイプ

❹乳液/クリーム……❸で代用

夏の朝

❶洗顔……ホワイトニング洗顔

❷化粧水……ホワイトニング・ローション

❸美容液……ビタミンC入り美容液

❹乳液/クリーム……UVカット入り乳液

夏の夜

❶クレンジング……ゼリータイプ

❷化粧水……ホワイトニング・ローション

❸美容液……ビタミンC入り美容液

❹乳液/クリーム……ホワイトニング乳液

秋の朝

❶洗顔……ゼリータイプ

❷化粧水……ホワイトニング・ローション

❸美容液……ビタミンC入り美容液

❹乳液/クリーム……
ホワイトニング乳液かクリーム

秋の夜

❶クレンジング……ムースタイプ

❷化粧水……引き締めローション

❸美容液……保湿系美容液

❹乳液/クリーム……保湿系乳液

冬の朝

❶洗顔……ムースタイプ

❷化粧水……引き締めローション

❸美容液……保湿系美容液

❹乳液/クリーム……保湿系乳液

冬の夜

❶クレンジング……クリームタイプ

❷化粧水……保湿系ローション

❸美容液……保湿系美容液

❹乳液/クリーム……保湿系クリーム

秋冬肌のケアと化粧品選び

水分、油分、ともに不足しがちな肌質です。かさつきや小ジワなど、乾燥による肌トラブルを秋と冬に抱え込んでしまうタイプです。リッチなクリームを塗れば解決かといえば、それはまったくのナンセンス。まずは肌の奥を健康な状態にしてから、表面の保湿です。真皮《しんぴ》に水分と栄養分を与え、お手入れの最後にクリームでフタを。夏でも保湿クリームをつけましょう。

春の朝

❶洗顔……ムースタイプ

❷化粧水……保湿系ローション

❸美容液……保湿系美容液

❹乳液/クリーム……保湿系乳液

春の夜

❶クレンジング……エマルジョンタイプ

❷化粧水……保湿系ローション

❸美容液……保湿系美容液

❹乳液/クリーム……保湿系乳液かクリーム

夏の朝

❶洗顔……ゼリータイプ

❷化粧水……保湿系ホワイトニング・ローション

❸美容液……ビタミンC入り保湿系美容液

❹乳液/クリーム……保湿系乳液かホワイトニング・クリーム

夏の夜

❶クレンジング……エマルジョンタイプ

❷化粧水……保湿系ローション

❸美容液……保湿系美容液

❹乳液/クリーム……保湿系乳液かクリーム

秋の朝

❶洗顔……フォームタイプ

❷化粧水……保湿系ローション

❸美容液……小ジワ対策用美容液

❹乳液/クリーム……小ジワ対策用乳液かクリーム

秋の夜

❶クレンジング……クリームタイプ

❷化粧水……保湿系ローション

❸美容液……保湿系美容液

❹乳液/クリーム……小ジワ・乾燥とリフティング系クリーム

冬の朝

❶洗顔……ムースタイプ

❷化粧水……保湿系ローション

❸美容液……リフティング系美容液

❹乳液/クリーム……保湿系クリーム

冬の夜

❶クレンジング……クリームタイプ

❷化粧水……保湿系ローション

❸美容液……リフティング系美容液

❹乳液/クリーム……高密度の保湿クリーム

おわりに

２００４年秋、東京・代々木に念願の美容施設がオープンします。そこに来られた方は、頭の先から足の先まで、いいえ、体の中まで、まるごときれいになれる。そんな、夢のような総合ビューティ・タワーが完成するのです。

10あるフロアの最上階が私のエステサロンになります。そこでは、私と数名の弟子が、全国から来てくださる「きれいになりたい女性」のお手伝いをさせていただきます。

そのほかのフロアを少しご紹介すると、シャンプーだけを専門にする美容室や、今注目のアーユルヴェーダのサロン、漢方の相談室のほか、エステティックや魅力学（チャーモロジー）、アーユルヴェーダを本格的に学べるスクール機能も充実させました。

これまで私は自宅をサロンとして開放してきましたが、場所が変わるからといって、私の美容に対する信念が変わるわけではありません。

新しい場所に移っても化粧品を販売したり、会員チケットを販売したりといったことは一切、始めるつもりはなく、私の願いはただひとつ。

「一人でも多くの女性をきれいにしてさしあげたい」

ただそれだけなのです。

私がこのように本を出版したり、講演会やサイン会で全国を回らせていただいたり、またこうしてトータル・ビューティ・タワーをオープンしたりするのは、まだお目にかかれていない大勢の女性にお伝えしたいことが山のようにあるからです。

そして、みなさん誰でもきれいになれる要素をおもちなのだと気づいていただきたいのです。

「時間がない」「お金がない」「何をやってもダメ」

そんな後ろ向きの女性でも、心一つで美しく生まれ変われるということを、私は保証します。なぜなら、40年近い美容業界での経験の中で、そのような女性をこの目で何千人と見てきたのですから。

さあ、私を信じて、今日から「美肌革命」を始めてください。必ず、あなたをきれいにしてさしあげます。

2004年7月

佐伯チズ

佐伯チズ（さえき・ちず）

1943年生まれ。OLを経て美容学校、美容室勤務ののち、1967年、仏化粧品メーカー、ゲラン入社。その後、渡米などを経て1988年、パルファン・クリスチャン・ディオールのインターナショナル・トレーニング・マネージャーに就任。全国の美容部員の技術・接客指導の総責任者となる。また年間2000人以上の女性の肌に触れ、トラブル解消に努めてきた。

2003年6月、クリスチャン・ディオールを定年退職後、「A.S144（アトリエ・サエキ）」を主宰し、1日2組限定のエステサロン、「サロン・ドール・マ・ボーテ」を開業。現在、テレビ、新聞、雑誌など、各メディアからもっとも注目されている美容アドバイザーである。

著書に『佐伯チズの頼るな化粧品!』『佐伯チズのスキンケア・メイク入門』『DVD版 佐伯チズの「手のひら」スキンケア・メイク』（以上、講談社）がある。

美肌革命 お金をかけずにきれいになる

2004年7月22日　第1刷発行
2004年9月13日　第4刷発行

著者――佐伯チズ

ブックデザイン――鈴木成一デザイン室
カバー写真――高橋ヒデキ
イラスト――七觀有紀

発行者――野間佐和子
発行所――株式会社講談社
東京都文京区音羽2-12-21 郵便番号112-8001
電話　編集03-5395-3530
販売03-5395-3625
業務03-5395-3615

印刷所――大日本印刷株式会社
製本所――株式会社若林製本工場

落丁本・乱丁本は購入書店名を明記のうえ、小社書籍業務部あてにお送りください。

送料小社負担にてお取り替えいたします。

なお、この本についてのお問い合わせは生活文化第三出版部あてにお願いいたします。

ISBN4-06-274170-9